U0553278

王今朝 著

中国经济发展模式：
政治经济学解读

China's Economic
Development Approach:

Political Economy
Deliberations

社会科学文献出版社
SOCIAL SCIENCES ACADEMIC PRESS (CHINA)

摘　要

对中国经济发展模式的解读众说纷纭。基于对 1927～1937 年和 1949～1957 年、1958～1980 年时期的研究，在一个国家的经济发展模式中，经济发展要素的社会属性、经济政策、政治清明程度、政治制度构成共性变量，离开它们，经济发展模式无法确定。而从这些变量值来看，尽管 1927～1937 年被一些人认为是国民党统治下中国经济发展的"黄金十年"，但无论是在发展要素的社会属性、经济政策、政治清明程度上，还是政权运作机制上，它留下的遗产只能是负数。反观1949～1957 年，新中国以公有制建立和发展为指向，在上述四个方面反国民党之道而行之，不仅在经济发展各方面条件变量极为不利的情况下发展迅速，而且奠定了中国长期科学发展之理论基础、制度基础。1958～1980 年时期，中国即使因各种复杂原因而出现"大跃进"挫折甚至"文化大革命"，都能保持较高增长速度，与 1947～1957 年期间建立的发展模式的科学性（即上述变量的方向性）有莫大关系。再反观 1981～2010 年时期，毫无疑问，GDP 增长取得巨大成就，但在上述四大变量（本身由许多变量构成）上可说不少方面反 1949～1957 年时期之道而行之。如果说，1949～1957 年中，中国曾经实行过私有工商业的社会主义改造，20 世纪 90 年代后期开始的国退民进，不管它是在什么背景下基于什么原因进行的，则似乎更像是社会主义工商业的私有制改造。由于这种新的强大因素介入，中国今天发展模式所表现出的问题已经不能仅仅由 1980 年以前中国的经济政治情况来说明。正是这种新的强大因素介入，使得中国 1981～2010 年时期经济发展出现巨大的可避免成本。中国两次出现内需不足这一资本主义经济的特殊现象是经济发展可避免成本的宏观表现之一。如果没有收入的平等化，中国的消费内需不足只能是周期性发生，但中国发生的绝不只是消费内需不足；而造成收入不平等的最主要、最根本原因，又只有从私有资本在中国的巨大发展中去寻找。市场交换的平等与否以及程度高低的决定因素之一是市场生产主体的性质。一旦私有资本占据社会资本的较大份额，成为最主要的市场生产主体，则市场的性质也就由私人资本所决定了，而建立平等、公平、高效的市场机制也就非要以最大限度限制私人资本对市场性质产生影响，从中国目前国情看，也即大幅减少私人资本才能做到了。总之，马克思《资本论》为解读中国经济发展模式提供了一个科学的框架。对于经济发展模式的唯一科学认识应该是与资本不创造价值这一基本政治经济学原则相一致。

Abstract

Academic opinions about the characteristics of China's economic development differ with each other dramatically. However, based on the studies of china's economic history of 1927 – 1937, 1949 – 1957, 1958 – 1980, it can be found that, the social attributes of economic development factors, economic polices, political uprightness and political system constitute the universal variables that designate a nation's development characteristics. Without them, the latter can not be determined. Due to the negative values of these variables, the period of 1927 – 1937 has handed down nothing positive to China, even though it was taken by some people as "the golden decade" of economic development under the Guomindang regime. In 1949 – 1957, China, with an attempt of creating a socialist society, had completely reversed the movement of the above four variables, during which a period of rapid development appeared, and solid theoretical and institutional foundations for its future development were laid. In 1958 – 1980, despite some complicated factors that contributed to the Great Leap Forward and the Cultural Revolution, China had yet enjoyed a rather surprising high level of economic growth, which could not have been realized without the theoretical and institutional foundations laid in 1949 –

1957. 1981 – 2010 was a period with high speed of economic growth, but went in opposite direction in some major aspects of the above four variables to that of the 1949 – 1957 era. If the 1949 – 1957 China conducted a socialist transformation of private enterprises into public ones, the reform of the state-owned enterprises in the late 1990, whatever the background or the reason it was, together with some other reform measures, seemingly led to a privatization of socialist industrial and commercial enterprises. With private capital appearing as a powerful power in China, the problems that China has been suffering from since the late 1990 can not be inculpated to the econo-political situation before 1980. With the sovereignty of private capital, China has burdened itself with huge avoidable costs in pursuing the 8% economic growth rate, with two economic recessions only as illuminating examples. Without the equality of income and wealth, recession tends to be a cyclical thing for China, and it will be only too superficial a word to describe what will happen in the future of China. The explanation for this inequality in income and wealth can only be found in a rapid growth of private capital in China. China has claimed to establish a socialist market economy, but whether the market exchange is of equality and what the equality degree is indexed will depend on the characteristics of production agent. Once private capital dominates China's markets, the nature of the market will be determined by the properties of private capital. And to establish a well functioned market economy is thus to limit the malfunctions of private capital. But this can only be accomplished through greatly eliminating private capital. From this perspective, Marx provided a paradigm that is most suitable for analyzing China's development characteristics, i. e. , in short, capital does not create value. China's development strategy should be built upon this Political Economy principle.

目　录
CONTENTS

序　言

习近平总书记提出，不能用改革开放前的历史否定改革开放后的历史，也不能用改革开放后的历史来否定改革开放前的历史。这毫无疑问是正确的。从经济学角度看，这同时也提出了一系列问题，即究竟怎样来看待改革开放前和改革开放后的经济发展模式？二者是否具有可比性？如果具有可比性，究竟怎样进行比较？从马克思主义的认识论看，在事后，实践是对真理的一个检验。为了事后用实践来检验，我们不得不对改革开放前后两个时期的发展模式进行归纳。而且，这样两个归纳应该是在同一个分析框架之下。这是因为，对两个时期的检验如果使用不同的框架，所得出的结论就不具有可比性。在归纳结果的基础上，我们还不得不进一步抽象，以揭示其中的根本关系。不这样做，就无法平息当前中国围绕两大阶段经济发展模式所引起的巨大争论。对这些问题的思考和解决的欲望正是本书写作的缘起。

从方法论角度看，任何归纳都依赖于某种理论，任何演绎都依赖于某种公设，所以本书对中国两个阶段的发展模式的解读不能不以某种理论为前提。在当前中国，最主要的两大经济思想流派是马克思主义政治经济学与中国新古典经济学。这里，中国新古典经济学指中国少数人所接受的那种以世界银行、华盛顿共识为代表的主张所谓市场化、民主化、自由化的经济理论。因而，在本书中，中国新古典经济学＝华盛顿共识。中国一些年轻的学者或者缺乏广博知识的学者，在学到了西方新古典的一些皮毛之后，就认为中国必须走市场化、自由化道路。虽然从其学术地位、学术声望上看，他们远不是中国新古典经济学的代表者，但是从其政策主张看，也在不知不觉之中陷入到中国新古典经济学的极端主义陷阱之中。从西方新古典的历史渊源看，无论是马歇尔还是庇古，其经济学思想及其所采取的方法论与马克思主义具有相通、相近之处（霍奇逊，2008），就是如索洛、阿罗、布劳格这样的新古典主义者，见到中国那些打着新古典旗号的极端主义者都自愧弗如！——他们的新古典主义主张与中国那些新古典主义者的主张根本不同，比如，他们中有人主张土地国有化，有人坚决地反对贫困，有人坚决地反对所谓自由放任，有人深刻地看到了不同个人之间在自身条件与收入之间的对应函数的差异性（从而根本否定纯粹经济刺激的有效性）。我们把这些人定义为西方的新古典经济学。因此，古典经济学＝华盛顿共识≠西方新古典经济学。① 在十余年的西方经济学学习和研究的学术生涯中，在阅读了大量中西文献的基础上，在经历了对中国诸多问题的实践研究和理论研究后，笔者以为，唯有马克思主义政治经济学才能为解读中国经

---

① 西方新古典经济学极为重视帕累托最优，但他们并没有把帕累托效率概念等同于一般的效率概念。因而，就他们的最高成就——一般均衡理论——的理论主张本质来看，他们实际上用帕累托效率概念证明了资本主义市场经济所能达到的效率的界限，即最多是帕累托有效。而从肯尼斯·阿罗所提出的多准则（multi-criterion）概念来看，他们并不排除帕累托效率以外的效率概念的可能性。不是吗？罗尔斯不是提出了"正义论"吗？阿罗和森等人不是在研究社会福利函数吗？这样看来，为了建立一个美好的社会，西方新古典经济学实际上已经证明了市场经济对于达到这个目的的非充分性，更何况一般均衡理论成立需要的苛刻的假设条件更证明了市场经济对于达到帕累托效率也是无关的。这才是对西方新古典经济学的科学的理解。正如罗森伯格所说："大量的新古典经济学家的自传承认他们是被社会主义的景象吸引到经济学中来的。"参见亚历山大·罗森伯格《经济学的认知地位如何》，载罗杰·E. 巴克豪斯《经济学方法论的新趋势》，张大宝、李刚等译，经济科学出版社，2000，第289、308页。

济发展模式提供科学的理论指南。阅读得越多，分析得越多，这种信念就越强烈。

首先，1921～1980 年的中国历史是对马克思主义理论科学性的证实。马克思主义指导下的中国革命取得了巨大成功，马克思主义指导下的新中国成立后的经济发展也取得了巨大成功。考虑到中国是在贫穷落后即一穷二白的条件下恢复和发展经济，考虑到中国一百多年来不断遭受奴役、侵略、压迫，考虑到中国需要发展强大的国防和履行自己的国际义务，同时要建立发展社会主义的各种公益事业和社会保障事业，同时面临敌对势力、敌对国家的封锁和挑战，同时又要在一个世界人口最多、人均资源贫乏、生产落后的国家里让人人都具有最基本的经济生存条件，中国历史性地选择了公有制以及与之配套的诸多制度设施（如配给制①、户口制、计划制），尽管出现了"大跃进"和"文化大革命"②，对中国经济发展模式产生了巨大干扰，中国依然取得的增长成绩可以证实马克思主义理论的科学性。③ 这种证实还可以通过考虑如下问题而从历史反证法加以分析：如果 1949～1980 年时期换一种资本主义私有制下的市场经济的方法，中国将会出现什么局面？答案很简单，如果是资本主义私有制，那么毛泽东、刘少奇、周恩来、朱德、彭德怀

---

① 中国实行配给制不仅是可以理解和正常的，而且是英明的。第二次世界大战时期，尽管英、美都是世界上最发达的资本主义国家，也因为当时特殊原因和条件而采取配给制，英国配给制还延伸使用到 20 世纪 50 年代。试想，如果中国 1949～1980 年时期就采取"自由市场"政策，那只能是物价的哄抬，只能是国家的瘫痪。因此，那种认为中国社会主义初级阶段艰苦发展条件下的配给制是一种耻辱或错误的人真将贻笑大方了。

② 有人认为，"文化大革命"证伪了马克思主义。持这种观点的人完全没有看到，"文化大革命"中的中国社会矛盾与 1949 年前的中日矛盾、国共矛盾截然不同，后者的严重性显然远远高于前者。马克思主义如果解决了后一矛盾，那它怎么可能被一个更小的矛盾的出现所证伪呢？

③ 否定马克思主义的理由五花八门。比如，仅因为"大跃进"等实践上的挫折就认为公有制不适合中国；仅因为新中国成立 30 年没有"解决温饱"就认为社会主义已经失败；仅因为西方有高楼大厦就认为共产党不能管理好中国经济，等等，这些五花八门的观点都是在简单比较基础上所做出的直射反应。

等人首先要发展起自己的家族企业，他们的亲戚也要全部发展起自己的家族企业，并形成企业集团。毕竟，他们对于建立新中国的功劳最大，最应该得到物质上的奖励、激励！而当他们建立起自己的家族企业之后，其目标就是要利润最大化，为此，不能发展重工业，而必须发展轻工业，为此就必须从资本主义国家购买相应的机器设备。而在此过程中，全中国的老百姓，包括那些在抗日战争和解放战争中立功的士兵，应该全部转为这些企业的雇佣劳动力，全部最好以奴隶的价格进行工作。这样，中国就能最快地建立起所谓现代的市场经济！中国也就相应地立法（包括物权法、财产法）对这种市场经济加以确认！而实体经济上的努力是非常复杂的，通过它所进行的资本、财富积累远远没有通过财政、金融来得迅速！因此，新中国就不难反复出现货币贬值、货币改革，正如国民党时期所出现的情况一样。反过来，如果他们没有这样做，则谁还有什么道理这样做呢？

其次，人们可以在世界许多国家，包括发达国家，看到马克思主义的影子。由于其自身矛盾逼迫，许多西方国家至少在其私有制限度之内采取了极为科学的发展政策。比如，加拿大人均土地面积约为中国的41 倍，考虑到中国沙漠、干旱地、涝洼地、盐碱地、不适合耕作及居住的盆地、高原等非经济性土地面积较大，实际超过100 倍，再考虑到加拿大 3000 万人口中只有 84 万人从事农业，农业生产高效率，人口较少且对农产品需求总量较少，农业占地较少，因而两国除农耕、农居地外用于其他经济发展用途的人均土地面积差距就更大了。然而，这样一个自然资源极为丰富、生产力极为发达、生产率较高、人口较少、经济结构合理的资本主义国家，基于对土地资源的社会和经济双重属性的认识使它不成为个人暴富的生产资料，在房地产业发展的私人所有制、集体所有制、国家所有制三合一模式表现出以长远、和谐、平等、公平、可持续发展为内涵的"忧患意识"和政策上的"科学发展观"。作为

"极端资本主义"国家的美国，从 20 世纪起就在竞争、市场、公司治理、人力资源、垄断、金融、银行、保险、财务、证券市场、兼并、收购、税收、分配、能源、自然资源、环保、劳资关系等许多经济发展的功能领域和行/产业颁发了几千条限制私人资本的法律、法令、法规、法则，更不用说欧美"民权运动"的"经济分配、经济政策、经济利益调整"这一实质，更不用说它们在经济领域里针对种族、性别、年龄、宗教、体重、高矮、胖瘦、残疾、政治信仰、劳动保障条件等各种社会属性/非经济属性特征（如果按照传统经济学理论定义的话）所颁布的法律、法规、法则。① 不能说这些政策与马克思主义相违背！

再次，西方无论是昨天还是今天，在经济学、社会学、政治经济学、政治学、人类学、哲学、历史学甚至文学、语言学领域无不有马克思主义理论的教授、学习、分析、探讨。比如，在剑桥大学的鼎盛时期，不少学者对马克思主义"情有独钟"，足以说明马克思主义经济理论在西方赢得的科学尊重和学术认可是极高的，而社会学中的马克斯·韦伯以及经济学中的约瑟夫·熊彼特对马克思的高度评价说明，马克思在西方许多对立面学者中也享有威信、威望。即使从今天看，西方诸多社会科学领域（如政治学、社会学、历史学和哲学）的研究也"绕不过马克思"。比如，在社会科学领域，开放式系统方法论是一个基本的方法论。这种方法论基于一个事物、现象的动态本质，允许其内部成分、因子、要素分别与外界事物、环境交叉影响和作用，即"与环境（或其他系统）具有紧密'交换'关系而存在，具有输入（input）和输出（output）共性本质，具有建立新的、重组旧的关系、现象及规律的共性本质"②，即毛泽东《矛盾论》中所指出的不同事物的本质内在

① 如美国 1964 年和 1965 年分别颁发的 11246 号、11379 号等法令。

② M. E. Milakovich, G. J. Gordon, *Public Administration in America*, New York：Bedford/St. Martin's, 2001.

联系，也是辩证法的精髓。至于有人会说，马克思主义在美国的影响或在英国的影响并不大，那就请他注意，资本主义国家的政府在分清敌友上比他还是要高明的事实！

最后，但也最为重要的是，中国今天经济发展模式的实践问题和理论问题非马克思主义无法加以透彻的解析。中国产生的贪污腐败、行贿受贿、劳动力价值低廉、资源耗竭性使用、技术进步缓慢、经济外向型比重过高、国企和私企在税收上的实际不平等待遇、环境恶化、经济周期长、收入分配严重分化等问题离开马克思主义能够说得清楚吗？西方新古典最多把这些说成是市场失灵，还有一些观点最多把这些看成是发展的代价，却没有进一步思考这种代价是否原本可以避免，其本身具有怎样的政治经济社会后果？如果少数人拥有了所谓的剩余索取权，其他人是否还能与他们实现共同富裕？而在中国这样的人口、资源和国际环境等条件下，这对于中国未来是祸还是福？对中国发展模式的深入分析需要一个长长的逻辑链条。而这种逻辑链条只有唯物辩证法才能提供。

基于以上思考，本书把马克思主义作为分析的指南，也交叉运用西方包括经济理论在内的一些理论中的可借鉴吸收成果。马克思主义和西方这些科学的理论把作者引导到哪里，本书的分析就到哪里。这本身已表明，本书谈中国发展模式中出现的问题既不是假设历史，也不是否定历史。① 再从逻辑角度看，当问题出现后，也就意味着存在另外一种模式。如果不存在另外一种模式，原有的模式就是最优的，那中国十几年前还谈什么转变经济发展方式呢？而如果存在另外一种模式，那谈论过去模式的问题就不是对过去的全盘否定，也没有人能全盘否定，而是对

---

① 做这种指责的人忘记了，人是不可能不犯错误的，犯了错误就要思考。孔子讲"吾日三省吾身"不就是在不断地假设过去我该怎么做吗？他想得多了，后来遇到类似的事情就不犯同样的错误了。这种把反思过去说成是假设历史正好与诺奖得主 Fogel 的历史反证法相对立。

经验的总结、教训的吸取。即便过去的模式是某种意义上的最优，也不排除另外一种意义上的最优。而且，中国如果提出转变发展模式，却不找出过去模式的问题，就如同一个人想要恢复健康的生活，却不检点自己过去的习惯，不去除身上的病根。因此，谈论问题根本不是假设历史，也不是否定历史。

当马克思主义的理论让本书的分析对过去的某些方面加以肯定时，根据与上面同样的方法论思考，这也不是想"走回头路"，也不是全面肯定过去一切。那种把别人一谈过去模式的优点就以为是想走回头路的做法，是阻碍中国建立新模式的数典忘祖①，也是一种极端化思维的表现。谈改革开放前中国发展模式的优势不是对那一时期的全盘肯定，没有人能全盘肯定；也不是要回到那个时代，中国再也不会回到那个时代。如果西方在进入现代的时候的文艺复兴运动有其合理性，如果中国唐代发起的古文运动有其合理性，如果中国共产党建立起的文化优于中华民族历史上任何一个朝代曾建立起的文化②，那么，挖掘这一时期发展模式的本质，正是中国经济继续发展的一个力量源泉。

正是基于对过去经验的吸取和教训的科学总结的基础上，本书对中国1949年以来63年的历史进行马克思主义政治经济学的解读，以此既帮助对马克思的基本理论进行正本清源，又帮助解决中国面临的急迫经济社会问题。

---

① 做这种指责的人既缺乏知识，也缺乏必要的思维。他既不懂得古希腊哲学家的"人不能两次踏入同一条河流"的道理，也不知道红军"四渡赤水"的求胜历史。
② 在中国历史上，能够与共产党所曾建立起的文化相媲美的恐怕只有从僖公二十三年到成公十七年晋文公时代及以后晋国4君的共62年历史，参见《左传》（岳麓书社，1988）第72～75页对狐突、卜偃、季隗、子犯、寺人披、赵姬、介子推，第80～83页对先轸、赵衰、栾贞子，第90页对原轸，第95页对狼瞫，第100页对庚骈，第102页对郤缺，第120页对赵盾、士季、提弥明，第129～131页对桓子、随武子、知庄子、栾武子，第144页对韩厥，第147页对郤伯，第149页对知罃，第169页对范匄、栾书，第169页对郤至，第170～171页对栾鍼等人德行与能力的描述。

第一章

文献回顾和框架选择

　　关于中国经济增长、经济发展的著作研究颇多，关于整个国家发展模式的著作研究却很少。据 2013 年 1 月 12 日对武汉大学图书馆收藏图书的检索，正题名包含"中国经济增长"的著作有 454 本，包含"中国经济发展"的著作有 117 本，包含"中国经济增长方式"的著作有 4 本，包含"中国经济发展模式"的著作有 2 本，其中一本为笔者所著。同时，从武汉大学图书馆中国知网检索题名包含"中国发展模式"的论文有 130 余篇，题名包含"经济发展模式"一词的有 2200 多篇（其中多为对中国模式的探讨）。这些关于中国宏观经济增长方式、发展模式的大量论文成果，有的为中国经济发展模式做出了基础理论贡献，有的做出了实证分析贡献，有的却在理论和经验上存在整体或局部的科学性问题和方法论问题，有的正好陷入习近平总书记所反对的用改革 30 年历史否定改革前 30 年历史的错误之中。未来中国经济发展模式的确立究竟是以什么理论作为指导呢？这一理论指导的实践依据究竟是什么呢？为什么中国等国经济发展模式不可持续呢？历史上有无可借鉴的经验和教训呢？究竟怎样科学比较改革前后两个时期的经济发展模式呢？更重要的是，用哪些因素、哪些变量衡量经济发展模式才具有方法论的科学性，才能说明发展模式不可持续的原因，才能为政策的效用性提供支撑呢？为了回答这些问题，本书首先在第一章对这些文献以及少数其他重要相关文献做以下回顾。这种回顾既表明了本书研究的必要，又指出了本书研究的方法。

第一节　经济发展模式的内涵

经济发展模式内涵的确立，离不开对"生产什么"、"怎样生产"和"为谁生产"的分析。然而，对它们的分析不能使用新古典经济学的框架（见第二章第五节）。比如，Leibenstein（1966）已经指出，新古典经济学的资源配置概念是小题大做（trivial）。[①] 如果我们接受Leibenstein的这一代表性科学观点，那么，即使中国的经济发展是在新古典意义上的有效资源配置条件下进行，也根本无法保证中国经济发展模式的优化性。对它们的分析也不能简单使用西方发展经济学概念。比如，按照西方发展经济学概念，可以把发展模式定义为工业化、城镇化、农业现代化[②]，可是，抽象地谈论工业化、城镇化、农业现代化，那么中国模式的特性、特色在哪里呢？中国的工业化、城镇化、农业现代化如何区别于西方？如何区别于过去？很显然，给定一种工业化、城市化指标，为了达到这种工业化、城市化程度，依然有各种各样的模式选择。由此看出，依据西方发展经济学理论把这"三化"作为发展模式的定义有过大之弊。

用上述概念来描述发展模式还有一个问题。那就是，它隐含地假设

[①] 早在20世纪上半叶，一些西方研究已经表明，由于垄断、关税所导致的配置效率的损失占GDP的比重不超过1%。

[②] 比如，刘易斯（1954）研究农村劳动力向城市的流动。如果用刘易斯（1954）来研究中国的发展模式，中国的农民工流向城市确实是受到资本家的资本的使用。然而，这并不是必然的、唯一的模式。参见本书第六章第二节分析。

效率具有至上的价值（即效率优先）。在许多情形下，提高效率确实意味着发展模式的优化。但是，一方面，高效率并不总是意味着发展模式的优化，另一方面，也并不存在一种最优的效率状态对应着最优的发展模式。从前者看，美国资本主义的奴隶制经济在棉纱生产效率上高于当时英国建立在机械基础上的棉纺织业，在农业生产上高于其北方的农民个体经济。从后者看，资本主义国家周期性的经济危机不可能是一种最优状态（尽管实际经济周期理论主张这一观点），而社会主义国家在达到某种效率水平后，也不需要开足全部的机器来进行生产。因为人们的消费不是日益增长的。消费从本质上属于一种维持性变量。今天世界上许多消费（如凡勃伦所说的炫耀性消费）属于浪费性消费。这样看来，效率优先命题如果曾经成立，那今天的科学性已经大大降低了。

在对上述不同理论主张进行了简单比较之后，本书设想，马克思主义政治经济学为发展模式的科学定义提供了一个坚实的理论基础。王今朝、龙斧（2011）根据马克思主义哲学和政治经济学，提出了一种经济发展模式的概念并在这个概念框架之下分析了中国经济发展模式转型的政策体系和理论依据。按照这一框架，中国提出转变经济发展方式，既包括转变"生产什么"，也包括转变"怎样生产"，相应也包括转变"为谁生产"。转变了生产产品的种类，自然就意味着"怎样生产"的转变，但"怎样生产"内涵远远超出这个含义。"怎样生产"的问题还包括对于给定的产品（如衣服、粮食、电脑）在怎样的生产关系之下进行生产的问题。当转变"怎样生产"时，"为谁生产"也会发生变化，这正是马克思所说生产过程决定分配过程的含义。但"为谁生产"的含义也远远超过"怎样生产"变化的内涵。在资本主义条件下，当"怎样生产"变化后，"为谁生产"也发生了变化，但这种变化只是行业结构、就业结构的调整，而不涉及阶级关系的调整。但阶级关系乃是决定"为谁生产"的最重要变量。这样分析下来，诚如王今朝、龙斧

（2011）所说，经济发展模式的最主要内涵就是生产方式。用生产方式来定义经济发展模式，允许社会主义和资本主义社会存在闲置的生产能力。

上述分析也与许多西方学者的分析具有一致性。比如，凯恩斯主义否定了亚当·斯密的市场经济理论，认为经济发展模式的稳定性依赖于财政这一变量。财政属于马克思所说的生产关系范畴。货币主义尽管属于极右主义，但也认为，对市场需要加以货币政策上的干预。至于一些研究视角更为宽广的学者那就更不用说了。比如，多马（1983）认为，发展模式的选择绝不是简单的经济增长，而是涉及整个社会结构（货币、储蓄、分配、投资、消费、财政、贸易、管理、政治、教育、法律、态度、市场、计划、协调、阶级、地理、技术等）、涉及众多变量及其相互关系。从政治经济学角度看，多马所指出的变量许多都是生产力、生产关系范畴的。其他如米尔达尔、米德、奥斯特罗姆、科斯、威廉姆森等人，其与发展模式有关的观点无不可归入马克思所说的生产力－生产关系范畴。这样，我们对其他文献的回顾也就根据这一范畴来进行。

第二节　中国发展模式的实证研究和规范判断

新中国成立已63年。本书沿用龙斧、王今朝（2011）的划界，把这63年以1980年为界划分为前后两个阶段。尽管这种划分具有一定的模糊性，但它对于本书研究目的已足够。

一　1949～1980年时期中国经济发展模式

关于这一模式，存在两类截然对立的肯定和否定的观点。

（一）肯定性观点

俄罗斯国家经济学院国际经济研究生院院长弗拉基米尔·波波夫认

为，最近30年中国成功的先决条件绝大部分是1949～1976年创造的。没有这一时期所实行的制度，1979年以来的市场类型的改革不会取得现在这种令人瞩目的成就。他还认为，在某种意义上，1979年以来的经济自由仅仅是锦上添花。波波夫特别指出，没有这些因素的作用，在其他任何时期和任何国家，单独的自由化是从来不会成功的（毕文胜，2011）。其实，诺奖得主阿马蒂亚·森表达过类似的观点。只不过，波波夫的观点更为集中。世界著名经济学家Robinson（1973）对于计划经济时期的中国颇为欣赏。实际上，早在20世纪80年代，西方世界已经不再把中国看成是一个普通的发展中国家了，毕竟，中国在极短的时间里制造出原子弹、让卫星上天，这都表明其现代化发展的基础已经具备。对改革开放前中国发展模式持肯定态度的国内文献也不在少数。比如，杨华星（2012）所回顾的文献中，不少学者认为，中国共产党人构建的农地集体所有制及其农村社会经济，构成了推动现代化发展进程的经济基础，支撑了中国改革开放后的经济社会跨越式快速发展。这与波波夫的观点吻合起来。而黄琪轩（2010）把强调中央政府的集中控制、政府的计划调节、经济上独立自主作为中国现代化的一种模式。

（二）否定性观点

孙忠良（2009）虽然没有完全否定中国1949～1980年时期的经济发展模式，但由于没有看到苏联1920～1950年时期模式的成功，其观点客观上容易导致对苏联1920～1950年时期模式一笔抹杀；又由于他认为改革开放前的中国发展模式总体上属于苏联模式范畴，因而客观上容易导致用苏联解体来论证苏联模式的失败，而以成王败寇的谬误观点来诱使他人以为中国1949～1980年时期经济发展模式完全失败。一个人老年时死亡，但不能说他年轻时身体不健康；当一个老年人因用药错误（相当于一个国家进行改革）而死亡，不能证明这个人身体机能已经完全损坏。如果孙忠良（2009）考虑到这些事实，或许写的文章能够更好一些。赵光瑞（2009）认为，中国计划经济时代的模式选择实质为对苏联的完全制度依附，中国特色的社会主义就是有限制度依附的经济发展模式，今后的改革开放必须确保制度创新的自主性。这样看来，1921～1949年经历了从弱到强、从小到大的中国共产党，却在1949～1980年时期从来没有过自己的思维，即完全依赖于对苏联的制度依附这可能吗？而中国特色社会主义又依附于哪种制度呢？今后的制度创新自主性既与马克思主义没有关系，也与西方经济理论没有关系吗？赵光瑞（2009）对"依附"概念的使用恐怕是由于误解了西方学者"依附"概念的原意。很明显，当代世界的发展，依附关系主要是经济"落后"国家对发达国家的"依附"，社会主义国家之间虽然有大国沙文主义的存在，但无论是南斯拉夫还是中国，都对苏联没有形成什么真正的依附关系。[①] 不过，应该指出，与雷颐（2000）认为新中国1978年以前发展模式是"劣中选劣"的极端化观点相比，孙、赵的错误可谓小巫见大巫了。雷文对1949～1976年时期问题的提出不无道理，但把这些问题上升到、归结为发展模式的根本性错误就是以偏概全了。而其极端化思维背后是否隐藏着什么其他原因也就不得而知了。

应该指出，除了上述两种观点之外，还有一种处于中间的观点。比如，武力（2009）既承认社会主义公有制和计划经济有优点，又认为资本主义私有制和市场经济有优点。可是，他没有深入分析这些优点哪种更具有稳定性、可靠性，更具有理论的合理性。这种看似公允的观点其实是用以分析问题所依据的基础理论不牢实所致，无法解释上面所提到的美国南方当年的高效率高效益奴隶制经济为什么被废除。还应该指出，对1949～1980年时期经济发展模式的肯定并不是否定其存在问题。

---

① 正如何显明（1995）所说，新中国成立以后，开始打破依附性的发展格局，进入自主性的现代化建设的历史新阶段，在短短几十年中取得了社会主义现代化建设一系列重大成就。

不能认为肯定其发展模式，就是肯定"大跃进"或"文化大革命"。本书第二章所建立的基本模型将会完全阐明这一点。

二 1980～2012 年时期中国经济发展模式

关于这一模式，无论国内外，同样存在两类截然对立的肯定和否定的观点。在肯定性观点中，不乏极端者，也不乏具有歌功颂德嫌疑者，也不乏不甚了了者。从政治经济学角度看，在很大程度上，他们是用对增长的肯定来代替了对发展模式的肯定，再也没有其他过硬的方法论理由来证实这种分析的合理性，尽管这一理由的错误已经十分明显。

（一）肯定性观点

雷颐（2000）提出 1978 年后的中国发展模式是"优中选优"的观点，在同一文章中的另一个问题上再次表现出极端性。孙忠良（2009）认为，直到改革开放以后，才最终形成了适合中国国情的具有中国特色的发展模式。何显明（1995）同时认为十一届三中全会后中国对自己现代化建设经验教训进行了大彻大悟般反思。何为大彻大悟？是否觉今是而昨非就是大彻大悟呢？对此，何显明（2007）已经对表述做出修正，不再使用大彻大悟而是用独具特色一词。汤光鸿、有英（2008）以及罗敏、祝小宁（2008）都认为，改革开放 30 年，中国特色社会主义道路创造了社会发展道路的新模式。但这四位作者没有注意到，他们所说的中国特色社会主义如果是公有制与私有制的结合，那特色是什么呢？坦克是汽车和机关枪的结合，坦克可以称为一种武器的新模式，但汽车与机关枪是互补的。如果中国的发展模式是两个矛盾的东西（公有制与私有制）结合，那就必须说明，这两个对立的东西怎样相生相克?! 否则，就不叫论证，而叫"拉郎配"。聂圣平（2012）认为，中国目前的发展模式不同于新古典、华盛顿共识所倡导的，具有独特性；

黄卫平（2012）、张幼文（2012）、黄志亮（2009）、常修泽（2009）从劳动力转移、对外开放、技术进步、制度改革等角度加以总结。如果中国经济发展的指导理论受到了西方新自由主义的影响，那么在这种影响之下（与西方具有某种共性），加上中国特殊的情况（历史路径、方向、性质、社会制度、经济结构、意识形态、文化、宗教、教育和因此形成的信仰、价值观体系、生产力水平、人口、资源、技术条件、生活/消费方式以及因此形成的经济行为特征），中国的发展模式依然可以表现出独特性。那么因为中国特殊国情所形成的结果是否是发展模式的独特性呢？如果是，那么由于中国1949～1980年时期是社会主义，加上这些特色因素再加上一些西方理论指导之后，中国1980～2012年是否就变为"中国特色社会主义"了呢？这是对该词的不严谨的使用。特色的形成应该主要是由于主观指导理论以及政策的制定不同于西方，也不同于东方，同时表现出极大的效率效益性，而不能带有极大的不必要代价。郭继林（2010）认为，中国发展模式是中国发展进程中形成的一种崭新的社会主义实践模式，给世界社会主义运动注入了新生机，带来了新希望。但如果社会主义的本质在于生产资料的公有制，那么，当中国70%以上的GDP是由私人企业生产时，中国距离社会主义是远还是近呢？是带来希望还是失望呢？很显然，上述作者观点并不能与习近平总书记关于中国特色社会主义的本质是科学社会主义的观点相一致，毕竟，科学社会主义是以公有制为基础的。而张维为（2008）指出，中国计划经济时代，人口最多的中国，没有走西方殖民主义和帝国主义侵略和扩张的老路，而是进行了一场翻天覆地的工业革命、技术革命、社会革命。黄琪轩（2010）也指出，中国计划经济时期的发展模式选择受到当时国际安全环境的巨大影响。考虑到这些因素，中国学者究竟应该如何比较这样两个时期呢？究竟如何定位后一时期的发展模式呢？由此可见，习近平总书记指出，中国特色社会主义的本质是科学社会会主义，可谓抓住了问题的本质。

　　田晓玲（2010）认为，（改革后形成的）中国模式是"最不坏的模式"。言外之意，所有的模式恐怕都是坏的。这看似带有辩证思维，看似符合任何发展模式（任何事物中的一种）都有两面性的辩证观点。不过，如果中国出现两极分化或接近出现两极分化，那么是否还能说它的模式是最不坏的模式？按照邓小平的观点，如果出现两极分化，改革就失败了，那两极分化程度应该是发展模式优化性程度的一个核心指标。于是中国距离两极分化的远近就代表了改革距离失败的远近，而这是个动态的过程，而"最不坏模式"只是静止的状态而已。

　　谭扬芳、贾江华（2012）回顾了一些肯定中国改革开放后发展模式的外国人的观点。徐梅（2012）关于中国经济崛起改变国际政治力量对比或许部分反映了国际舆论，但国际政治力量对比从舆论到真正的格局的变化还有很长距离。当此之时，中国怎样为徐梅所提出的在后金融危机时期构建"和谐世界"和"和谐的国际政治经济秩序"做出贡献呢？舒亚·库珀·雷默2004年提出北京共识。这看似是对中国经济发展模式的一个总结，但如果达成了共识，那是什么共识呢？是模式优化性的共识，还是科学社会主义基础上的共识呢？还是只不过是由于中国持续了多年的高增长而已呢？因此，俞可平、庄俊举（2004）对所谓北京共识提出了一个冷思考，王元龙（2011）也不认为，北京共识等于中国发展模式。由此可见，许多相似观点产生自一些对中国历史并不了解的外国人，其深度难与波波夫的观点（也见下文）相比。一些国外学者对中国经济发展模式持肯定态度的原因或许是因为中国改革比苏联改革"成功"。但这种观点的持有者不能忽视这样一个问题，即一辆正在良好运行的汽车（解体前的苏联）并不代表不会马上出现车毁人亡的惨剧（苏联解体）。即使一辆汽车一切状况正常，快速行驶在结冰路段或陡峭山路上时也可能会车毁人亡。① 这样看来，那种以为中国发展模式被全世界接受（徐飞鹏，2011）的意见②是不严谨的。③

既然中国已经提出经济发展模式转型，那对经济发展模式的研究就应更多地着眼于问题，而不能是歌功颂德④，也不能是玩弄词汇。如果中国的发展模式的"功德"并不如他们所估计的那样，那玩弄词汇与"大跃进""放卫星"没有较大差别，而歌功颂德与粉饰太平没有较大差别。实际上，早有西方学者用错误的全要素生产率概念得出了一个正确结论，即改革开放后的经济增长可归因于"要素"投入增长。这不过是西方的严肃的新古典学者对客观世界所做的一个重要贡献⑤，它使用新古典这一带有严重方法论问题的框架得出了中国发展模式不可持续的结论。这种带有西方发展初期共性的"要素"积累支持的增长带来许多深刻问题。不解决这些问题，中国的发展模式转型就不可能真正进行，最多是对西方国家亦步亦趋，而由于中国缺少西方当年形成自己道路的各种条件，其效果将会极差，世界将会对中国有邯郸学步之讥。这正是中国需要忧虑的。还是让我们老老实实地研究些主义，也研究些问题吧！

---

① 用汽车做类比在经济学中是有传统的。比如，熊彼特在说明产量限制是保护而不是抑制扩张过程的道理时说："这样说较之说汽车因为装了刹车装置比没有装刹车装置时开得更快，没有更多的矛盾。"参见熊彼特（1999）。

② 而且，对西方的意见要做全面分析。"民意"往往并不可靠。比如，西方人不少把希特勒与斯大林归为一类。这种根据某个特征的相似所做的极端化抽象不过是哈耶克之流的学者灌输给西方社会的印象。俄国人不会认可这一说法，任何懂得历史的人也不会认可这一说法。斯大林更不会认可这种说法。

③ 一些学生的毕业论文对中国发展模式进行研究，都极为肯定中国改革开放以来的发展模式（吴汉瑜，2011；董乐，2011；柴淑芹，2007，等等）。

④ 在苏联解体前数年，在当权者强压等情况之下，许多学者也曾歌功颂德。

⑤ 新古典学者之间差别极大。对新古典的批评极为复杂，既要批评新古典的极端化者（中国不乏其人），也要批评新古典的盲目使用者；既要批评他们的理论，又要批评他们的方法论。方法论批评更重要一些。

（二）质疑性观点

波波夫认为，中国改革开放后形成的发展模式与西方有太多类似之处，并且如果随着国家能力的下降，中国将会下降为一个标准的"发展中国家"（毕文胜，2011）。这既批驳了那些中国发展模式独特性的观点，也反驳了那些"特色"的观点。一些国外智库关注中国经济发展模式所引起的经济泡沫化，认为中国社会发生冲突的风险增加，而且中国的科教模式成为国家发展瓶颈（钟心研，2010）。托马斯·帕利（2006）回顾了西方人所指出的中国经济发展模式的内在矛盾和外部矛盾，指出中国经济发展存在高代价的摩擦，增加了大量的成本，而中国的外向型增长构成其内在矛盾；帕利认为，中国发展模式是不稳定的，其"近年来的经济发展轨迹是一种表面上的成功"。中央党校哲学部教授邱耕田也认为，中国在发展中遭遇到一系列十分严重的问题，进步的实现付出了巨大代价。如果这种发展的高代价是中国模式的一个必然产物，那就说明中国模式的不成熟和不完善，而这种有待成熟和完善的模式不具有示范和推广价值（杨生平、谢玉亮，2010）。周天勇（2010）认为中国的发展模式需要进行深度调整，即进行发展格局组合和发展道路方面的思路考虑及战略设计。这些观点都与中国经济发展模式亟待转型的大政方针一致。

杨秀萍、马云泽（2011）认为中国改革开放后形成的是"以物为本"的发展模式。其实，表面上的"以物为本"实际上是"以少数人为本"。所以，杨秀萍、马云泽（2011）的概括流于了表面，带有见物不见人的偏颇。而易培强（2009）关于中国发展模式消费不足（但美国式过度透支消费也不可取）、过度金融化的观点是根据具体经济学理论框架所形成的。像这样从具体经济学角度阐述中国发展模式问题的不在少数。如梅新育（2007）大胆地指出，中国招商引资工作在很大程度上不过是依赖各种各样的财税优惠，这种做法的副作用已是有目共睹。这实在是学者的胆识和社会的责任感使然。张荣洁、邱耕田（2012）则分析了当前领导干部的职业压力，从根本上看，根源于发展模式的严峻性，原有发展模式既给领导干部带来业绩获得的便利，也给他们带来了问责临头的风险，但他们认为干部社会关系的压力本质上折射了中国公民社会转型的复杂性，干部私人生活的压力来源于权力分界的不明和人性弱点的约束不足。中国改革是以法律的大规模确立为特征的，不能认为法律越确立，权力的分界越不明，对人性弱点的约束还不足。

其实，谈论问题的研究还有许多。比如，有人指出，尽管中国经济增长速度惊人，但存在诸如两极分化、内需不足、出口过大、对 GDP 过分强调、部分行业畸形发展等问题，这与中国经济发展模式只是一种可能性的观点是一致的，也与中国提出转变经济发展方式的初衷是一致的。问题是如此之多，以至于许小年（2010）认为，"中国发展模式确实到了迫切需要变革的地步"。上述分析表明，对这些质疑的观点不能一概而论。尽管不少具有科学性，但也有些在立论上或在表述上具有这样或那样的问题，有的在归因上具有这样或那样的偏差。中国发展模式转型不能建立在错误立论、错误表述之上，也不能建立在错误归因之上。当然，应该指出，讨论中国发展过程中出现的问题，并不是质疑、否定中国特色社会主义的社会主义性质，相反，它是为了加强中国特色社会主义、巩固中国特色社会主义！这才是实事求是、解放思想的认识论！

（三）兼备性观点

一些研究对 1980～2012 年发展模式同时进行肯定和质疑。黄琪轩（2010）认为，分权式的管理、市场调节以及融入世界经济构成 1980～2012 年时期中国发展模式。这样，黄琪轩（2000）实际上既肯定了 1949～1980 年时期，又肯定了 1980～2012 年时期的经济发展模式，并认为这两种模式没有此优彼劣之分。张荣洁、邱耕田（2012）认为，中国发展模式是改革开放以来所形成的适合中国国情、取得了巨大成功、在实践中不断完善的发展理念、方式、原则、经验和结果等的总称，同时又认为，它是中国成就和中国问题的统一。如果取得了巨大的成功，那问题就不是主要方面了，而成功了为什么还要转型呢？因此，他们的观点虽较雷颐（2000）极端化观点科学，但既缺乏自身理论的严谨性，又与中央政策矛盾，有首鼠两端之嫌。

第三节　发展模式的决定

与上述对每个时期的发展模式的肯定性评价和否定性评价相适应，关于中国发展模式的决定性因素也可以分为两种观点。一是从马克思主义政治经济学的角度加以分析，一是从其他具体经济学的角度加以分析。

一　马克思主义政治经济学角度的分析

吴宣恭（2012）指出，改革开放以来，我国的所有制结构发生极大的变化，存在性质完全不同的所有制，不能根据半个多世纪前单一公有制下（确定的社会主要矛盾）去解析现阶段的社会主要矛盾，而必须考虑资本主义私有制引入后对中国社会矛盾性质的影响。吴老的这个观点恢复了马克思主义的政治经济学分析传统，对于后人可谓谆谆教诲！与吴老运用政治经济学框架不同，许健康（2011）运用马克思的社会形态理论框架指出，中国经济发展是从落后的封建农业大国向社会主义现代化强国迈进的历史过程。在这个过程中，中华民族的复兴、发展和解放与帝国主义、霸权主义的压迫、颠覆、控制是贯穿中国道路的根本矛盾。这就表明，在向西方学习、吸取人类文明的优秀成果的时候，存在许多陷阱。照此理论，中国发展模式并不是简单地增加 GDP 的问题，否则，英国 GDP 也在增加，那它怎么与美国的资本主义对抗呢？它会与美国资本主义对抗吗？中国在选择发展政策、发展道路时如果不了解自己发展的障碍①，那就与士兵打仗没有分清敌友一样；如果中国在选择发展政策和发展道路时不了解这些政策的效应性，那就与一个士兵拿着一支枪对着自己一方开枪无异。应该指出，类似他们两位这样的中国资深的具有真知灼见的学者还有不少，都对中国发展模式做出了深刻的分析，一些其他文献已经做了不少回顾，限于篇幅，这里不再重复。

二　具体经济学角度的分析

许多学者虽然不是从生产关系角度对中国发展模式进行分析，但高度重视制度问题，具有积极意义，却因使用西方的制度分析框架而使得分析的价值降低。比如，刘琳娜（2011）认为，中国（1980年后）发展模式的政治制度安排体现着现代政治对民主价值的追求，其核心是中国共产党的领导，其政治体制和运行机制是党的领导、人民当家做主、依法治国的有机统一。但这个政治制度与1949~1980年时期有何差别呢？它们对中国经济发展模式的作用有无差别呢？韩保江（2009）同样考察了中国经济发展的制度性因素，不过，他的观点建立在高GDP即证明一切的假设基础上，因而必然对于私有制的作用高估。韩保江、李霞（2009）认为，中国发展模式的运行动力，在于物质利益的驱动、战略目标的感召、多种经济的竞争和国际竞争的挤压。物质利益的驱动，可以理解为私人利润的驱动，但战略目标感召（了谁）却并不清楚，至少不是感召老百姓，因为不能说最广大的雇佣劳动力和私人老板同时、同等程度地受感召。而且，私人老板对利益的追逐不能说成是"受感召"。关于多种经济的竞争也让人难以理解。请问，国企与私企

---

① 按照发展经济学中的依附理论，也按照殖民地国家的经验，中国的不发展乃是西方发达国家的福祉所在，那请问此时，西方会帮助中国发展还是会阻碍中国发展呢？寄希望于西方的友好，那和与虎谋皮的差异有多大呢？

的竞争是平等的吗？后者正是在物质利益的驱动之下行贿官员，国企能够行贿吗？国企需要行贿吗？国企官员能够大规模地行贿吗？这样看来，相较于他们的观点，赵凤萍（2009）认为，"中国改革开放进程就是不断吸收、借鉴外国经验的过程"的观点来得更深刻，而她关于目前中国西方的政策转移存在着照抄照搬、创新不足和绩效评估缺位三大问题的观点就是犀利了。用赵凤萍（2009）来分析段培君（2009）、唐林峰（2012）非常方便。段培君（2009）认为，中国发展首先是在把富强作为基本价值确立起来，形成小康的价值目标和相应的价值实践体系，此后，中国发展模式的价值建构体现了"以人为本"的历史指向。"富强"价值与西方的 GDP 崇拜、马克思所说的拜物教有什么差别吗？如果没有差别，把它说成是"以人为本"岂不是在玩弄这个词汇、侮辱这个词汇吗？唐林峰（2012）把改革开放以来中国发展模式的价值建构理解为有三个基础：马克思主义理论、中国传统文化、西方文化。那么，这三大具有本质性差别的价值体系如何有机混成的呢？真的混成了吗？是否具有并进一步导致其他"照抄照搬、创新不足和绩效评估缺位"问题呢？

刘建飞（2009）认为，中国发展模式主要特征是市场经济与一党领导的权威政治相结合，有可能成为西方模式和苏联模式之外的、具有持久生命力的第三种发展模式。黄祖辉、张英魁（2008）认为，党的领导、执行力和稳定的社会环境是中国体制转型顺利进行的关键，但不知道他们所谓的"由非均衡发展至均衡发展、由经济转型拉动政治转型、由普遍动力推动向深层利益调整推进、出地方或局部探索向全局推进"与80%的劳动力成为私人资本的雇佣劳动力如何协调一致呢？在这个转型中，党的威权是体现了为人民服务这一宗旨呢，还是客观上有利于少数人的暴富呢？如果这个模式那么好，具有持久的生命力，那还要转型做什么呢？

与上述基于主观、制度性因素的分析不同，姚洋（2009）从客观因素的角度寻找中国发展模式的解释。他认为，中国农村人口巨大、城市化水平低、人口抚养比低的人口结构决定了中国经济增长模式"出口导向"和"高投资、低消费"的特点，进而形成了高通胀压力和太多未加利用的储蓄。但中国 1949～1980 年时期农村人口规模比例更高、城市化水平更低，怎么那时的经济增长模式不是出口导向、没有通胀、没有太多未加利用的储蓄呢？这说明，姚洋建立的函数关系不具有普遍性。

第四节　中国发展模式的指导理论

为了科学确定中国转变经济发展方式的方法、手段，必须首先确定分析经济发展模式的框架。对此，颜鹏飞等（2011a）指出，中国经济发展模式应该跳出西方学者的模式中性论和价值中立论，努力挖掘《政治经济学批判大纲》及其"经济学提纲"中所蕴藏的思想，颜鹏飞等（2011b）还提出，是依据西方主流派学者采用的库恩和拉卡托斯"范式"理论，还是依据马克思的经济学逻辑体系学说，是涉及中国经济模式的提炼、梳理和表述的重大问题。王今朝、龙斧（2012b）根据西方经济思想史所做归谬数理分析表明，新古典生产函数不具有逻辑的合理性，马克思的劳动价值论对中国发展模式具有指导性。关于具体的政策主张，张志勇（2011）认为，中国经济发展模式中，政府与市场关系必须得到明确和界定。然而，二者怎么确定呢？是让政府退出完全竞争领域吗？那垄断领域是否也要退出呢？

龙斧、王今朝（2011）识别出改革开放后中国经济发展模式受到西方经济理论的"偏向性"影响，也识别出在中国社会上普遍存在的理论伪命题：马克思主义政治经济学原理不适合"中国社会主义初级阶段"、马克思的公有制理论（社会主义生产关系核心）阻碍中国目前生产力发展、"效率优先、兼顾公平"、马克思的社会主义理论不适合中国当前激励机制的建立。他们还对中国 60 年的实践进行了大量基于社会学、政治经济学、政治学、历史学、人类学、人口学、政治地理学、国际政治学、社会心理学的交叉科学研究。许健康（2006）指出了改革开放的道路之争，认为改革开放必须以马克思主义的世界观为指南；而实际上，改革开放以来，一直有人企图用新自由主义取代马克思主义作为"深化改革"的指导思想，企图将改革开放引上邓小平讲的"邪路"。而坚持改革开放的社会主义方向道路的人，则一直在与其做坚决的斗争。这种斗争，在当前集中地表现为对改革开放的激烈反思。

程耀明（2012）认为，凡勃伦的"制度趋势"理论为进一步探讨中国发展模式提供了一种可供借鉴的理论范式。沈湘平、孙亮（2009）认为，中国发展模式建构问题实质上是一个现代性问题，击中现代性本身并对其前提进行哲学与资本的双重批判，这对于后形而上学时代中国发展模式的建构具有重要启示意义。有国外智库认为，中国急于创造经济增长数字的真正原因是因为中国缺乏完善的社会安全网制度，它必须不惜任何代价保持经济的增长，否则数百万迁移到城市的人口将因为失业、饥饿等问题而引发社会动荡，进而危及国家政权。不过，这种人为地刺激经济增长，希望拖延至全球经济稳定的做法，犹如一颗随时可能引爆的炸弹，是否可以避免大量借贷带来的泡沫危机，则是未知数（钟心研，2010）。而王积业（1990）早就提出适度增长的概念，可惜的是，面对政策上的上述"需要"，适度增长理论很容易为高增长的实践打下理论铺垫。

第五节　发展模式研究的方法论

发展方向和发展道路的科学性决定发展模式的优化性，而方法论的科学性决定发展方向和发展道路的选择。当中国学界还在对中国关系重大的发展模式争论不休的时候，西方在科学方法论上已经沧海桑田了。当中国经济学界由于种种原因不少人把新古典当作主流经济学的时候，西方早已对新古典开始了系统的批判以及对立理论的构建。龙斧、王今朝（2013a）指出，新古典只是以西方资本主义制度为前提，以几百年发展而形成的市场经济机制为范畴，以这个范畴下微观领域的行为、关系、特征为对象的一个西方经济学流派。他们对新古典还原主义下的封闭系统方法论的分析表明，新古典经济学不能用于指导中国发展模式研究。加拿大学者博兰德（2008）用暗藏玄机一词批判新古典方法论。他归纳了新古典约定主义方法论的四个支撑因素，即不可知论、假定－演绎模式、心理主义和个人主义、理性主义，作为新古典的暗藏玄机。龙斧、王今朝（2012a）则从整体主义认为，毋宁说新古典方法论暗藏的玄机更在于：方法论构建中的双重标准和社会达尔文主义基因、对宏观经济的形而上处理、非资本主义经济制度不是经济学研究范畴、主张资本主义市场经济价值观和行为准则具有普适性、以新古典理性主义作为经济学研究的排他性基石、唯计量方法才是经济学数量研究。龙斧、王今朝（2012a）还证明，由于仍处于构建中的中国经济学所依赖的社会特性与新古典经济学产生、形成和发展所依赖的欧美社会特性的差异性是巨大的，把新古典经济学作为中国的主流经济学，不仅是方法论上的封闭系统，是"两个凡是"的壁垒，也是一条经济学研究的死路。

　　龙斧、王今朝（2011）系统使用整体主义方法论指导下的交叉科学方法对中国所提和谐社会所做研究得到的高度评价表明，确实存在一种可替代新古典的方法论体系。[①] 根据他们的这一著作，本书认为，两

---

① 整体主义论认为世界上的"系统"（体系），无论是物理、生物、化学、社会、经济、心理甚至是语言等，都应该被视为基本成分有机构成、动态组合的整体，而非各自的简单加总、总和。参见 B. Oshry, Seeing Systems: Unlocking the Mysteries of Organizational Life, Berrett-Koehler Publishers, 2008; S. Y. Auyang, Foundations of Complex-system Theories: in Economics, Evolutionary Biology, and Statistical Physics, Cambridge University Press, 1999。

个时期的发展模式可以比较，但一定要运用科学的方法论进行比较。两个时期的发展模式一定要进行比较，不比较就不能鉴别。而且，中国的发展模式与西方的发展模式要进行比较，否则，就没有合适的参照，就会如盲人摸象一样。比如，当中国以初级阶段理论为依据，实行"效率优先，兼顾公平"政策的时候，却没有注意到，中国在相对1980～2012年时期更是初级阶段的1949～1980年时期，并没有提出"效率优先，兼顾公平"的理论，相反的是，那一代人却用推翻三座大山、土地改革、建立公有制等"机会平等"方法彻底、全面实现经济利益关系结果平等、公平、正义。又比如，当中国以初级阶段理论为依据，实行"效率优先，兼顾公平"政策的时候，却没有注意到，美国从林肯到西奥多·罗斯福，从武德·威尔逊到富兰克林·罗斯福，从肯尼迪到约翰逊，从卡特到克林顿直到目前的奥巴马，无不是在经济利益关系问题上通过解决、缓解带有群体组织性、社会性、政治性、制度性本质的矛盾、冲突来改善、提高经济发展模式优化性程度（龙斧、王今朝，2011）。如果更为全面地了解世界各国和中国历史，错误的比较的方法就不易生存。

第六节　结论

一　关于理论基础和分析框架

基于对发展模式不同可能的定义的比较分析，也基于对新古典经济学方法论的认识，我们得出了这样的一个结论，即对发展模式的分析只能采用马克思主义政治经济学的框架。这种框架与许多西方学者的观点是一致的，并且常常是更为科学的框架；这种框架与西方国家的许多实践是一致的，并且依然处于西方实践的前面。如果一个理论落在了实践的后面，它是无法用来指导实践的。如果一个理论不具有相对其他理论更大的科学性，是无法从根本上与其他理论相竞争的。

二 关于 1949～1980 年和 1980～2012 年两个时期的经济发展模式

基于对各种观点的对比分析，我们初步形成两个论点：①前者尽管受到"大跃进"和"文化大革命"的干扰，尽管经济大起大落，尽管人民的温饱还没有完全解决，但其经济发展模式是成功的。就是仅从经济增长角度看，1957 年中国实际 GDP 指数为 155.6，按照第一个五年计划年增率 6.7% 计算，到 1980 年中国 GDP 将达到 703.8，只超过 1983 年的 695.8，而小于 1984 年的 801.3。[①] 这样来看，"大跃进"和"文化大革命" 13 年的干扰相当于中国有 3 年的 GDP 没有增长而已。资本主义国家 1929 年发生大危机后，有多年的 GDP 增长为负，GDP 降低有的达到 50%。而且，中国在这一时期不利于经济增长的因素是极多的（龙斧、王今朝，2013b）。反过来，如果没有一个科学的发展模式，"文化大革命"和"大跃进"如果发生，其影响可能要大许多倍。因此，从历史的长河看，不能用"文化大革命"和"大跃进"来否定那个时代的经济发展模式。②1980～2012 年，中国经济的发展条件（资本积累、技术水平、劳动力素质和人口增速、工农业和社会基础设施、可用资源、国际环境）要好于 1949～1980 年时期。在这些更优条件的作用下，即使这些因素对经济增长率不产生影响，只要它们依次对 GDP 水平产生抬升作用，那么，中国经济的高增长是很自然的。可是，正是在这种背景下，中国学界延续政府多年前提出的转变发展方式的概念，提出了发展模式的转型。为此，就不能不分析这一时期经济发展模

---

① 资料来源：《新中国 50 年统计资料汇编》（中国统计出版社，1999）A04 表。

式的问题。这样来看，对问题的深入分析不是对这一时期经济发展成就的否定，更不是用前一个时期来否定后一个时期。从已有文献看，尽管不少观点见解独到，但对这一时期的问题的分析还有待进一步系统、深入。这构成本书分析的一个基本的出发点。

三　关于本书框架

基于以上分析，本书首先运用历史唯物主义观点，归纳了一个发展模式的模型（第二章），然后运用这个模型对1980～2012年时期中国经济发展模式的问题进行横截面分析（第三章）。这既建立了一个理论，又检验了一个理论，从而为第四章深入分析中国1980～2012年时期的宏观经济运行问题打下基础。第五章则在前面三章铺垫基础上运用马克思主义政治经济学分析中国发展模式问题的本质。第六章阐述发展模式与市场机制之间的因果关系，这既指出了中国当前流行的市场决定论的理论错误，也指出了中国经济学界普遍存在的一个倒因为果的逻辑错误。读者由此可以思考：这种理论上和逻辑上的错误对中国过去发展模式的形成究竟怎样产生影响？产生了怎样的影响？

第二章
经济发展模式决定：基本模型

从语义学来看，"模式"一词本身是中性词，指按照某些指标所形成的某种稳定的特征。这些特征既可能是合意的，也可能是非合意的。这正如经济学方法论中对"范式"一词的使用一样。在此意义下，为了研究 1980～2012 年的中国经济发展模式，本章取材龙斧、王今朝（2011）第 19～20 章部分内容，选取中国 1927～1937 年、1949～1957 年、1958～1980 年三个时期，归纳、总结其经济发展模式的共性和特性决定变量。选择这三个时期的具体理由如下：

我们以 1927～1937 年为例来分析国民党统治时期的经济发展模式，不仅是因为 1937～1945 年的八年抗战和三年解放战争中，国民党给中国不会留下什么值得纪念的遗产，而且是因为不少研究视 1927～1937 年为现代中国经济发展的"黄金十年"。[①] 比如，1931～1936 年间，中国工业（满洲除外）以年率 6.7% 增长，发电量 10 年增加了一倍，年

---

① 这部分的数据和论据主要来自费正清（1990，上卷，第二章《经济趋势：1912～1949》和下卷，第三章《南京十年时期的国民党中国，1927～1937 年》，第五章《土地制度》）。"黄金十年"的说法实在是一种荒唐之辞。当中国面临内忧外患之际，仅仅经济有所发展就称为"黄金十年"，是缺乏逻辑和理性的。当然，这种"黄金十年"可能只是 1K 成色黄金的十年。

均 9.4%，棉布年均增加 16.5%，银行存款增加 15.9%。这些数字与当时大多数国家相比堪称"辉煌"，并与欧美经历的"大危机"形成对照。那么，这个高增长时期留下了可以借鉴的发展模式遗产，还是留下了今天中国经济发展模式必须加以警惕的教训呢？

选择 1949～1957 年时期，是因为这是新中国在共产党领导下建设蓬勃开展的 8 年。尽管中国 1958 年开始"大跃进"或许可以在某种意义上看成是选择走一个不同的道路的探索，但这 8 年是中国经济翻天覆地变化的 8 年，不仅有稳定财经、"三反五反"，而且还有工商业的社会主义改造，新中国经济运行机制建立，经济快速增长，而发展模式也极为成功，这就为中国今天经济发展模式的转型提供了极好的可以借鉴的经验。

1958～1980 年时期，尽管经济增长速度有所下降，但中国依然建立起初步完备的现代工业体系。这本身已经让人非常惊讶。毕竟，在世界上，许多国家政权的合理性都是建立在快速的经济增长基础之上的。新中国在这个时期没有去追求经济增长，反而取得了令世界瞩目的工业建设成就和科技成就。而其间发生的"大跃进"和"文化大革命"都对中国的经济增长产生了冲击，也对中国经济发展模式产生了某种影响。如何总结这段时期的成功经验和"大跃进""文化大革命"的教训，依然是留给学界未完成的任务。

对于上述三个时期经济发展模式共性影响因素的科学研究，首先依赖于对衡量其特征的指标的科学选取，然后才能对发展模式的合意性进行科学评价。如果衡量指标选取出现任意化，就无法对任何一个时期的经济发展模式进行科学评价。为了避免任意化现象的出现，对经济发展模式这一复杂性问题不能不以马克思主义政治经济学为指导，采取同时并用多种学科、多重方法的交叉科学的方式加以研究。这里，从经济学和经济社会学角度看，在不排除其他变量影响的情况下，刻画这种经济模式的变量主要可以包括经济发展要素属性、经济政策、经济形态、政治形态等因素。

第一节 发展要素的社会属性与经济发展模式

一 1927～1937 年

按照马克思政治经济学理论，现代经济发展主要受益于劳动力（L）、资本增长（K）或者技术进步（T）这三个经济发展要素的数量增长和质量改进以及运用。[①] 但是，从 20 世纪初到 1949 年（更不用说1927～1937 年），中国的市场劳动力和资本供给基本保持不变，投资总额占国内总支出的比例较低。就技术增长而言，从进口结构来看，主要商品为棉织品、棉纱、原棉、米麦、面粉、糖、烟草、纸、煤油、石油、运输材料、化学药品、金属等，机器进口在 1936 年才达到当年进口额的 6.4%。由于国民党在这一时期并没有大力支持科学研究和技术开发，而进口的不过是些原材料和消费品，故而，其增长方式不可能依赖于创新机制。按照钱昌照的说法，国民党在 1936 年才正式决定办重工业。[②] 很显然，尽管国民党在这一时期也兴建过一些大学，做出了发展重工业的一些努力，但国民党没有系统地努力改进中国劳动力、资本和技术的运用，这与共产党领导下的 1949～1957 年时期相比有天壤之别。

在劳动力、资本、技术总量保持不变的情况下，如果有效发挥既有

---

① 自然资源在这个时期对于经济发展的约束还不明显，所以本书这里未加讨论，而是放在最后一章。

② 钱昌照说："当时社会上说国营办不好，不如私营，蒋介石却不反对国营。""国外合作也有个原则，即只引进技术，不搞经济合营，技术引进还要规定合作年限，年限内包教包会，到期由中国专家接手。这些原则蒋都同意，他认为，花钱不多，效果很好。"参见钱昌照：《钱昌照回忆录》，中国文史出版社，1998，第 35 页。关于国营、私营的争论在国民党时期的一种解决，参见该书第 45 页。

劳动力、资本、技术的效能，也能够实现更快、更好的增长，但这 10 年中，无论是劳动力结构还是各种社会功能，无论是资本的投资取向还是运作手段以及产生的整体社会效益（社会保障、教育、公益事业），无论是经济技术所引起的经济生产模式的变化和因此产生的社会效应还是政府在所有这些方面的具体政策和作为，在经济发展的同时都没有很好实现。

为了与后面章节一致，也因为劳动乃是一切价值的源泉，同时也因为这 10 年中，国民党在资本与技术方面所做的工作几乎为零，所以，我们这里以劳动力社会属性为例来进行分析。第一，中国当时对劳动力的就/失业比例控制①，对劳动力培养、教育、训练，都不是一个有组织、高效率并且具有长远战略规划的社会行为。第二，教育作为劳动力保障的必要环节不仅是经济发展的需要而且是社会整体素质提高的必要手段。② 但在这 10 年里无论是学校数量、在校生、毕业生、教育普及都没有与同时期经济发展速率相应变化。③ 第三，教育普及、机遇、质量和平等是保证一个社会人群平等和在平等基础上实现公平的较有效手段之一。而在这段时间里，教育没有发挥这样的社会功能。第四，劳动力成员的行为过程是自我实现和完善还是单纯的生计手段也体现劳动力社会属性。前者成分越多，社会"以人为本"基础上的发展模式科学程度越高。第五，这些成员在生产过程中所具有的对职业、工作和因此产生的对人生的满足感、动力感、自豪感和

---

① 如果一个社会依靠大批解雇来提高生产效益和效率从而实现经济增长，劳动力的社会属性无疑就丧失了；"数量过剩"、大批失业、随意解雇不能说对发展模式优化起促进作用。

② 劳动力的经济属性与社会属性相对立，即不把提高整体国民素质与满足市场劳动力需求相对立。

③ 一个社会的教育投资增长率应与经济增长率相对应。如前者低于后者不仅影响经济长远发展而且影响社会长远发展，而前者大于后者不仅有利于社会长远发展而且体现社会进步、平等、公正。

责任感，不仅是经济发展效率、效益的保障，而且是劳动力有利于经济发展模式优化性的基本社会属性。第六，劳动力的另一个社会属性表现在其价值的社会平等、公平两方面的认可。社会对大多数人劳动价值的回报和认可越是平等、公正，社会贫富差距越是缩小，越能体现社会的平等、公正（这是最重要、最根本、最直接、最本质的平等、公正，否则马克思就应该多研究欧洲民主选举的改进或欧洲市场经济的完善，而不是生产资料所有制和剩余价值问题；否则中国新民主主义革命应该以"议会道路"为目标而不是建立社会主义新中国），越能激发劳动力的创造性和主人翁感。不言而喻，1927～1937年的经济增长既没有伴随也不是因为这些经济发展因素的社会属性的实现。

二 1949～1957 年

首先，劳动力的性质得到历史性的改变。相对 1927～1937 年阶段，这段时期尽管劳动力人数没有绝对增加，其教育程度没有立即大面积提高（时间差），但其素质的提高表现在目的性明确、积极性增强、激励程度提高。此外，随时间推移，这种劳动力素质的改善还不仅表现在教育和社会有组织的技术专业能力培养上，而且表现在劳动力的社会重新组合上，表现在经济与生产活动的方式上。[①] 其次，在 1949～1957 年这段时间里，社会资本积累率平均高达 30% 以上。[②] 但更为重要的是，"资本"的性质也在这里发生了根本性的变化——它不再是决定"剩余价值"分配、决定经济行为过程中的"雇佣关系"或划分并决定"劳

---

① 比如，到 1957 年，上海有超过 25 万的工人支援其他地区发展，参见 R. 迈克法夸尔、费正清：《中华人民共和国史》，上卷，中国社会科学出版社，1990，第 183～184 页。这种劳动力结构社会性改善和使用在资本主义市场经济下是不可能实现的。

② 这一比例延续到了改革开放前，是后来经济改革开放的成功根本条件之一。

动力"中各类人群的政治与社会地位的基础。社会资本的积累、使用和再投入只是集中于为了整个社会民众的经济领域和非经济领域（相对官僚资本主义资本和私人资本积累）。① 最后，一方面，它有利于经济发展的技术被创造和使用到经济生产过程中。而另一方面，它并不是以"技术更新—劳动力过剩—失业增加"为代价和特征。上述分析表明，经济发展与增长要素集中体现了劳动力的人性化解放（相对"私有制"对其占有、剥削基础上的非人性化）和"资本"与"技术"的社会性服务、使用和支配。因此，新中国的成立使经济发展要素的社会属性得到有利于经济发展模式优化性程度的提高。而这个"实现"值又反过来影响了 L，K 和 T 的效率、效益，尤其是对 L 和 K 的影响，对生产力提高和经济增长产生了积极的作用。这样，经济发展要素社会属性、经济发展模式优化性程度、经济发展三者之间形成了一个有机相连、互相促进的良性循环。结果，中国 1952 年的产量已经恢复到1949 年以前的最高水平。第一个五年计划期间，按不变价格计算，工农业总产值年均增长 8.9%，人均生产增长 6.5%，按此速度国民收入每 11 年翻一番（同期的印度的人均增长率不到 2%）。人均寿命从1950 年的 36 岁延长到 1957 年的 57 岁。学龄儿童的入学率同期从 25%增至 50%。② 在这期间，中国还不得不支出以世界上经济、军事、科技最发达的超级大国为对象的"朝鲜战争"的所有"效用成本"（Utility Cost）。

---

① 第一个五年计划就开始着手解决地区经济发展不平衡问题，如把人力和资本从较发达地区分配到贫困地区，对其铁路和公路、煤炭、有色金属和工业企业进行投资。根据《新中国 50 年统计资料》表 A07 和表 C07 相关数据加总计算，1953 年上海生产了工业总产量的 16%，但只得到全国投资的 3.3%。这种"资本"的社会化在资本主义市场经济下是不可能实现的。

② R. 迈克法夸尔、费正清：《中华人民共和国史》，上卷，中国社会科学出版社，1990，第162 页。

三　结论

如果我们用公式来衡量对比这一阶段经济发展和经济发展模式优化程度的关系就不难看出，经济发展要素的社会属性无疑是提高经济发展模式优化性程度的影响因素。在经济发展要素的数量增长和质量改进以及运用中，如果质量得到显著改进，要素的社会属性得以实现，通常都会伴随要素投入数量的增长以及要素使用的改善。因此，我们可以把要素社会属性的实现程度作为这三个变量的代理变量。这样，经济发展模式优化性程度就可以表示为：

$$M = M\big[\,(S(L),S(K),S(T))\,\big|\,g(L,K,T)\,\big] \tag{2.1}$$

其中，M 表示经济发展模式优化性程度，L 表示劳动力供给，K 表示资本供给，T 表示技术，S 表示相应因素的社会属性，g 表示经济增长率。为了简单起见，我们设：

$$S(X) = \begin{cases} 0, & X \text{ 的社会属性没有实现} \\ 1, & X \text{ 的社会属性实现} \end{cases} \tag{2.2}$$

$$\frac{\Delta M}{\Delta S(\,\cdot\,)} > 0 \tag{2.3}$$

公式（2.1）表示经济发展模式的优化性程度依赖于各种要素的社会属性的实现与否，而与增长率之间没有直接因果关系。也就是说，两个社会相比，在经济发展要素相等的情况下，哪一个经济增长是由于要素的社会属性的实现所致（或体现社会属性成分越多），哪一个社会经济发展模式优化性的提高就越大。而在经济发展要素不相等的情况下，即一个社会相对另一个社会具有人力、资本和技术优势时，经济增长慢的社会如果在要素的社会属性方面的实现相对程度较高，其经济发展模式的优化性程度依然可能高于经济增长快的社会。

对于 1949～1957 年时期而言，$S(X) = 1$，X 的社会属性实现意味着，即使劳动供给、资本积累和技术水平没有较大数量的变化，这些经济发展要素的社会属性的实现本身也可以带来发展模式合理性程度的提高。①

第二节　经济政策与经济发展模式

一　1927～1937 年

这一时期的发展要素社会属性在很大程度上是国民党沿袭了其所继承的初始条件而已，关于经济政策对发展模式的不良影响，国民党则难辞其咎。在农业发展上，1931～1934 年，由于世界经济萧条导致的通货紧缩等原因，农产品价格猛跌 42%，再加上旱灾、水灾和雹灾所带来的产量损失，中国农民陷入更加贫困的境地。② 一方面国民党没有改变那种以封建制度下剥削被剥削为特征的生产关系，另一方面却增加了新的农业税收。在工业发展上，国民党任由企业采取压低工资、延长工时、无视基本人生保障等办法拼命榨取"剩余价值"。③ 结果 10 年的经济增长不仅没有使中国最广大工人和农民获益，反而加重了他们的负担。正如 Sih 一方面肯定中国这一阶段的经济发展，但另一方面却指出整个社会贫富两极分化日益严重，阶级矛盾与冲突不断加深。④ 面对生产关系和经济政策所产生的矛盾，蒋介石政府不是采取改变生产关系的

① 这里我们不是说经济增长对于其他目的不重要，也不是说经济增长与经济发展模式本身毫无关系。

② 1927～1937 年中国农业发展的停滞可参见刘克祥《1927～1937 年农业生产与收成、产量研究》，《近代史研究》2001 年第 5 期。

③ 费正清：《中华人民共和国史》，下卷，中国社会科学出版社，1990，第 3 章。

④ P. K. T. Sih, The Strenuous Decade: China's Nation-building Efforts, 1927 – 1937, N. Y. : St. John's University Press, 1970.

经济政策，而是把"恢复中国传统文化"作为解决农村乃至中国社会主要矛盾与冲突的手段，可谓南辕北辙。相比之下，正在经受"大危机"打击的美国，由于罗斯福"新政"和其他政府政策的实施以及各种举措缓解了社会阶级矛盾。这里的经济学启示就是，任何市场经济的发展如果不以相应的社会生产关系的改善、进步为基础、前提、条件，这种经济越发展，市场越"完善"，社会生产关系的矛盾就越可能尖锐、激化，这正是马克思主义生产关系反作用于生产力的基本原理。

那么，是否外部环境不允许国民党采取那种与美国类似的政策呢？一些学者在对这段高增长时期加以解释时，将这段时间发展的原因归于中国政府进行的一系列财政、经济的改革，如法币政策的实施等①，这就排除了外部因素对国民党的影响。比如，Strauss（1998）把"强制度、弱政治"（Strong Institutions vs. Weak Polities）作为这一阶段经济发展"成功"的原因。与此前 10 年相对而言，这 10 年中国取得了暂时、有限的统一，"公共秩序"的好转（按照现代制度经济学理论）也部分刺激了私人生产的增加。② 因此，可以说，并没有外部的强大因素阻碍国民党采取有利于改善生产关系的政策。实际上，正是蒋介石本人从孙中山那里继承了国民党政权的衣钵，却放弃了孙中山关于新旧三民主义和抑制私人资本的主张。而国民党内部还奉蒋介石为总理学生。这实在全部是大谬不然。

二　1949～1957 年

经济政策对经济发展产生影响，对生产关系的进步也产生影响。③

---

① 例如 Young（1971）。

② 这 10 年经济发展的原因不是本章分析对象。

③ R. G. King, S. Rebelo., "Public Policy and Economic Growth: Developing Neoclassical Implications", *The Journal of Political Economy*, Vol. 98, No. 5, 1990, pp. S126 – S150.

新中国的经济政策从"所有制""分配""资本投资取向"等方面入手解决阻碍发展的主要社会矛盾，生产关系的革命性进步尤其体现在不让生产资料成为制造经济压迫、产生人群经济不平等的手段与依据，因为生产关系的进步还是落后状态下的"经济发展"对经济发展模式优化性与否产生巨大影响。伊丽莎白·柯鲁克和大卫·柯鲁克通过实验调查分析展示了中国一个贫穷、落后的村庄是如何通过生产关系的革命来实现经济发展并因此促进了一种新的发展模式的产生。[①] 从全国看，在1949～1953 年期间，土地改革将 43% 的耕地平均分配给了 60% 的农民[②]，并使最贫穷的 20% 人口的绝对收入从 20 世纪 30 年代到 1952 年翻了一番。[③] 从合作组到低、高级合作社改造再到 1956 年底农业合作化的完成，从工商业改造、税收制度扩大和因此产生的中央政府可支配资源的比例上升（1952 年达 24% 以上）到增加工业生产和流通领域内的社会主义成分，从根本上使中国农业、手工业、资本主义工商业从私营向国营和集体所有制转变。[④] 此外，中国制定了争取财政好转和价格稳定的政策，并依靠财政货币体系和计划委员会对经济实行计划管理。尤其是，中国根据"中国特色"和中国国情采取了"公私合营""赎买"政策，对马克思主义理论做出了发展和贡献，提高了经济发展模式优化性程度。这一系列生产关系的革命和进步促进了生产力发展和经济增长，

---

① 1947 年，柯鲁克夫妇对解放区的土地改革进行了调查研究，在河北武安县十里店村深入生活，采访搜集了大量的第一手资料，写成了极有经济社会学价值的两部著作：《十里店（一）：中国一个村庄的革命》和《十里店（二）：中国一个村庄的群众运动》（中译本，上海人民出版社，2007）。

② R. 迈克法夸尔、费正清：《中华人民共和国史》，上卷，中国社会科学出版社，1990，第 88 页。

③ R. 迈克法夸尔、费正清：《中华人民共和国史》，上卷，中国社会科学出版社，1990，第 159 页。

④ 到 1952 年后期，70%～80% 的重工业和 40% 的轻工业为国家所有。国有贸易机构和合作社的营业额占总营业额的 50% 以上。参见 R. 迈克法夸尔、费正清《中华人民共和国史》，上卷，中国社会科学出版社，1990，第 95 页。

这个发展与增长又反过来进一步促进了经济发展模式优化性程度的提高。这是中国特色的社会主义的首次尝试。

这一阶段的生产关系的进步还体现在"发展经济"只是中国社会当时中心工作之一（尽管"一穷二白"），而非一切社会行为、政策取向、功能发挥、领域运行的根本、唯一（或实际上的唯一）目的与宗旨。比如，新中国刚成立后的"抗美援朝"从纯粹经济学角度讲是"支出"。再比如，从西方经济学角度讲，市场对劳动力的需求是以"企业发展""利润目标""价值创造"等因素决定的。因此在资本主义市场经济历史阶段中，在剩余价值创造和资本积累的程序里，创造了一种新的"有利于经济发展"的"男女不平等"。而新中国却利用社会功能和政府政策创造了先进于资本主义国家的性别经济学理论——经济上的男女平等。① 由生产关系的革命性改变所带来的经济发展和劳动力在这个发展过程中的性质和本质的变化（即不是由资本或土地所支配的商品，而是目的性明确地参与到经济与社会发展过程中的人）无疑促进了经济发展模式优化性。同时，新的社会生产关系支配下的政府政策和社会功能的发挥直接体现了社会进步、人权、人性、社会地位平等、公平，直接用经济发展的成果（资本积累）来解决非经济生产领域里的非人性、非人道、腐败堕落的社会现象与问题，如吸毒、妓女、犯罪、传染病、寄生虫病、社会保障和基础教育缺乏等，对经济发展模式优化性程度的提高无疑也起了巨大作用。从经济学角度看，这些社会问题的解决，对当时的政府和整个经济发展来说是"巨大非营利性支出"。

---

① 中国把这些"人人平等"和"社会公平"思想贯彻到《共同纲领》、《1954年宪法》、各种法律法规以及各种条令、指令和意见中，使之成为成文或不成文的政策。直到20世纪70年代为止，由于对剩余价值的追逐，资本主义市场经济一直把女性排除在社会经济生产主流之外。在过去40年中，西方很多经济学、政治经济学、经济社会学研究了资本主义市场经济怎样产生了其特有的经济上的男女不平等现象。

三 结论

在消除了外部因素的影响后，就可以认为，来自一个国家、一个政党自身制定的经济政策具有对发展模式的独立性作用，因而，公式（2.1）可以改写为：

$$M = M[S(L), S(K), S(T), PR(EP) \mid g(L, K, T)] \tag{2.4}$$

其中，PR 表示生产关系，EP 表示各种经济政策。式（2.4）显示经济政策作为一个重要自变量通过直接影响生产关系来影响社会矛盾。经济政策（如社会分配、税收、政府财政等政策或影响所有制关系的各项政策）不仅仅关系到经济发展（在式中，我们把这种影响概括为它对劳动力、资本和技术的影响以避免共线性问题），还直接影响社会生产关系的进步或倒退。公式（2.4）说明，"只要促进经济发展的政策就是好政策"这个观点并不正确。实际上，在经济发展时期，许多经济政策都会对社会生产关系产生影响，从而影响经济发展模式优化性的程度。

第三节 政治清明程度与经济发展模式

一 1927～1937 年：封建官僚资本主义出现

1927～1937 年间，全面军阀混战结束，国民党政府部分恢复权力。各级官吏一面用各种方法跻身工商业经营，另一面插手、支配民族资本主义工商业。[①] 在其各级政府中，派系林立，裙带盛行，带有浓厚封建色彩的官僚当道，腐败贪污，管理无能。包括上层在内的大多数"当

---

① 费正清：《中华人民共和国史》，下卷，中国社会科学出版社，1990，第 3 章。

权者"利用这个政权的制度性质和这个时期的经济发展来牟取暴利、聚敛财富。这种现状，加上一些经济和财政政策（法币改革、关税增加等）所创造的条件，无疑为中国官僚资本主义的产生和形成奠定了基础。截至1937年，通过发行政府债券并迫使私人银行接受这些债券充当资本等办法，南京政府控制了全国银行资产总额的70%。结果，当这10年经济发展时，中国原有的社会矛盾（民族矛盾和封建土地制下的阶级矛盾）不仅没有得到有效解决，又由于新的带有浓厚封建色彩的官僚资本主义的产生，整个社会矛盾反而激化。① 这种官僚资本主义以官商勾结、官商一体为主要行为特征，不仅最大限度地吞噬经济发展的成果，制造贫富差距，加剧社会阶级对抗，而且形成新的"社会文化"和"价值观"，使其蔓延成为严重的社会问题而非简单的个人行为和道德现象。在这种状态下，经济越发展，官僚资本主义集团作用越大、影响越多、范围越广、手段越新，经济发展模式也就越难以持续。而更为值得注意的是，如果官僚资本主义集团再加上"封建"色彩和"垄断"模式，那对经济发展模式的影响效力将呈"几何"递增的性质。相对"资本主义垄断"的市场手段，"封建垄断"是靠权力、政权、行政手段、权钱交易、宗法关系的强制性或实际上的强制性实现的，连市场经济的表面"自由"和"公平"也丧失了，因而对经济发展模式的不良影响更大。而一个具有漫长封建专制历史（即具有漫长封建经济、政治、文化结构影响和传统）的社会相对更容易产生这种经济和社会现象。② 邓子恢曾经对中国封建军阀、官僚、绅士、资本家如何相互勾结，"站在同一阶级"，从被压迫阶级"榨取目的物"做出生动的描述。③ 这里，我们

---

① "三民主义"和新民主主义理论所针对的主要社会矛盾由于官僚资本主义的出现而既有相同又有不同。

② 对于中国经济发展模式的分析不能不重视中国封建传统文化的本质和社会功能。

③ 邓子恢：《龙岩被压迫阶级的现状及其出路》，《邓子恢文集》，人民出版社，1996。

可以用政府的清明程度（反映贪污腐败程度、派系倾轧程度、管理能力高低、裙带关系程度、官商勾结程度）Pc 表示如下三因素：

$$Pc = (B, Fu, Mo) \qquad (2.5)$$

其中 B，Fu，Mo 分别表示官僚资本主义集团、封建色彩、垄断方式（官僚资本主义集团可以与封建性和垄断结合，也可以不结合）。在考虑到这些因素的影响后，经济发展模式的决定可以表示为如下公式：

$$M = M[S(L), S(K), S(T), PR, Pc \mid g(L, K, T)] \qquad (2.6)$$

经济的发展如果伴随着官僚资本主义或官僚资本现象的出现，对经济发展模式的负面影响是巨大的。西方许多理论都表明，当一种因素被制度化后，消除它所耗费的成本和代价是无法估计的。因而，我们有如下假设：$\partial M / \partial Pc > 0$。而且，如果官僚资本集团同时带有封建色彩或垄断色彩，它对经济发展模式的影响就越大。根据这个公式可以进一步推论，经济越发展，经济发展模式优化对政府清明程度要求就越高，后者并非达到一定程度就可以了。

二　1949～1957 年：集体主义社会主导价值观

官僚资本主义集团最集中地体现了旧的封建官僚资本主义"市场经济"制度下的价值观体系——"贫富由生、贵贱由命"，加上 20 世纪 30 年代政府为"恢复传统文化"而提的口号和所做的努力。与 1927～1936 年时期相比，1949～1957 年时期既没有这种集团，也没有与之相适应的社会主导价值观（LV），取而代之的是一个完全不同的以"人人平等"为主要内涵的社会主导价值观。毕竟，民族/国家之间的不平等、阶级之间的不平等、人群经济与政治地位的不平等、雇佣与被雇佣的不平等、占有生产资料与为生存出卖劳动力之间的不平等，以及所有上述不平等所产生的人与人之间生存、机遇、条件和质量上的不平等，不仅是 20 世纪上半叶中国社会实际现状的典型特征之一，而且对毛泽东那一代人的思想、理论、意识形态和政策产生了最强烈的影响。因此，这种"人人平等"的价值观在新中国的经济制度（如"人人有工作""同工同酬"等）、社会政策、国家法律和意识形态领域都体现出来。由于"人人平等"这一主导价值观的作用，尽管这段时间经济的发展并没有使个人生活水平、经济收入、购买能力大幅度提高[①]，社会成员非但没有因此产生不满反而增长了自豪感和主人翁感，这是因为国家并没有让经济发展所产生的价值成为个人致富的来源（私人资本更谈不上），并没有用来兴建高楼大厦、楼堂馆所，并没有先去创造"车水马龙"和政绩标志，而是除了经济持续发展、基础经济设施建设的必要投资外，集中于国防、教育、卫生等这些全社会成员"人人平等"受益的领域里。这种社会主导价值观，以及它与经济发展成果分配、使用上的名副其实的统一，无疑对经济发展模式优化性程度的提高起了促进作用

毋庸置疑，一个国家的政治清明程度与其主导价值观可以看成是同一类变量。在计量经济学的实践中，它们往往可以被看成互为代理变量。

第四节　政治制度与经济发展模式

一　1927～1937 年：社会的专制独裁

维护以"三座大山"利益为唯一宗旨的经济发展模式无疑只能依靠独裁专制（Di）。这一时期国民党政府不仅对共产党反抗暴政的力量实行"宁可错杀一千"和"围剿"，而且极力反对那些开明人士的有关社会改革、改良的不同意见，对社会上针对政府政策的批评要么压制封锁，要么充耳不闻。社会专制独裁作为一个影响因素有其特别作用。因

[①]　民粹主义经济政策非常喜欢追求这些指标。

为世界近现代史告诉我们，一个社会现代化进程中可能产生官僚资本主义集团，可能制定出不利于生产关系进步的经济政策，生产力发展要素的社会属性不能够得以实现，但不一定也同时具有"专制独裁"。如果同时具有，那么专制独裁不仅自身对经济发展模式直接产生影响，而且对官僚资本主义、阻碍或破坏生产关系进步的各种经济政策（见前文分析）也会产生作用（在此它又同时成为一个次级因素），助长、加剧、扩大、维系官僚资本主义和不公平、不平等经济政策对经济发展模式优化性的破坏。考虑到独裁这个因素，我们可以提出如下公式：

$$M_{1927 \sim 1937} = M_{1927 \sim 1937}(S(L), S(K), S(T), PR(EP), Pc, Di \big| g) \qquad (2.7)$$

$$EP = EP(Di) \qquad (2.8)$$

$$Pc = Pc(B, Fu, Mo, Di) \qquad (2.9)$$

$$\frac{\partial M}{\partial Di} < 0 \qquad (2.10)$$

上述公式就是 1927～1937 年中国经济发展模式的决定方程组。该方程组表明，国民党"黄金十年"的经济增长并没有带来经济发展模式优化性的增进。第一，经济发展要素的社会属性不得到实现，即便经济持续增长并不促进经济发展模式优化性程度的提高。据此推断，如果经济发展是牺牲以社会属性的实现为代价，那么对经济发展模式优化性的负面影响将更大。第二，经济政策作为影响因素，在对经济发展发生作用的同时，如果导致贫富分化，导致获取高于平均增长水平的经济利益集团出现，制造或加剧阶级、阶层的对立和冲突，那么，即使经济增长，经济发展模式优化性程度也较低。第三，一个社会的经济增长如果伴随官僚资本主义或其现象的产生，无疑影响经济发展模式。如果它再带有封建和垄断色彩，对经济发展模式的影响更加巨大，因为它将使社会平等、公平急剧恶化，无所谓经济发展时期平均收入和生活水准改善与否。第四，对这一历史时期的分析表明，经济发展本身不解决社会主要矛盾，而此时依靠专制独裁也无法解决这些矛盾，反而使它们更加激化。同时，它作为前面三个因素的次级影响因素，对经济发展模式无疑破坏更大。正是由于上述原因，国民党政府没有能够在经济发展时促进中国进入现代化的生产方式之中，反而从根本上为该政权的最终垮台埋下了伏笔。

二 1949～1957 年：独特竞争优势

与比较优势概念对立的具有经济学意义的"独特竞争优势"（SCA）与马克思主义指导、技术进步不无关系[①]，但更主要的是在中国独特的历史条件和社会环境下，由民族独立、自由和解放的精神激发，由个人人生价值观与社会主导价值观的高度一致性、由个人经济行为目的与国家经济行为目的的紧密结合而综合产生、形成的，是一个民族和社会绝大多数成员把所共有的信仰和理想融入个人的和微观的经济行为中去的体现。这种基于社会理想、价值观、目的和信仰融入个人经济行为、转化为物质行为之上的优势，对经济发展与经济发展模式的作用表现在许多方面。比如，从整个社会的经济运行模式来看，劳动者的经济行为不是纯粹为了工资、生存和生活，产生效益和效率的激励机制不是建立在金钱和物质基础之上（这与市场经济下主要激励和驱使机制形成对照），它使"高积累、高建设、高发展、低工资、低消费、低生活"成为可能，从而在许多生产和社会管理、发展领域和环节用更少的时间、更低的成本达到了其他国家同样的效益和/或效应。再从经济发展的基础实体来看，当一个社会具有这种优势时，企业发展的可变成本（甚至一

[①] "比较竞争优势"理论内涵之一是"优势"的相对性，即"优势"并非一成不变，是可以为他人所学习、模仿或创造的。而国家层面上的独特竞争优势由于在特殊环境和特定条件下产生，不易为他人所学，因为许多赖以产生的特定条件、特殊环境等非常因素不是可以由少数精英人为创造的。

些固定成本）大大降低，从而使资本积累、循环、使用达到、超出市场经济制度所能够理解、支撑、承受的速度和水平。当上述这种优势产生效益时，所有成果又会反过来激励社会劳动成员的热情，坚定其信心，弘扬其理想，激发其精神，崇高其人生价值，增强其社会使命感。这样的独特竞争优势下的经济发展和增长不仅能产生巨大经济价值，而且无疑提高了经济发展模式优化性程度。

独特竞争优势这一变量与国民党 1927～1937 年时期的专制统治变量相对立。一个国家在专制统治下不可能有独特竞争优势，而有了独特竞争优势，就不可能有专制。西方哈耶克流派认为社会主义不可能有"激励机制"，计划经济是奴役之路，并因此不可能比资本主义产生更高的效率、效益。而上述这种"独特优势"所创造的效益、效率一方面可以用现代西方经济学"投入—产出"的基本原理来进行衡量分析，另一方面又不容易为西方极端经济理论所客观理解。哈耶克流派 20 世纪 90 年代提出社会主义经济体制的激励机制问题时，首先完全是套用西方资本主义市场经济的机制来推论，即没有私有制不可能有激励。其次他主要指"管理层"的激励，因为工人是否"激励"对哈耶克来说不是关心对象。相比之下，在这个学术领域里，现代工商管理学和组织行为学的研究比哈派要宽、广、深。如果今天用哈耶克的经济学激励机制的简单化公式来衡量、评价中国 1949～1957 年历史时期的社会主义经济的激励机制，就从根本上表现了对像中国这样的国家为什么会选择社会主义经济体制的深刻历史、社会背景的无知，对帝国主义、殖民主义在世界各个国家的经济制度发展选择上的作用和影响的无知，对 20 世纪 50 年代新成立的社会主义国家所面临的冷战环境的无知。由于这些知识和经历的缺乏，哈耶克无法作为一个客观的、具有丰富社会科学知识的经济学学者来看社会主义经济体制当时的"优点"，而当时像中国这样的社会主义在经济体制上具有什么"独特优势"更是无法为他所理解。在这一点上，名气看似比他小得多的加拿大/英国人类学、社会学学者柯鲁克夫妇从经济社会学角度对"社会主义"这一新生事物的实证研究从方法上却表现出更多的"科学发展观"。① 这就说明，从历史和辩证唯物主义角度出发，社会主义社会在选择发展道路时，没有必要在克服既有缺陷时，把优点也一起否定。正如列宁所说不能在倒洗澡水时连孩子一起倒掉。考虑到上述四个方面的因素，这个时期的经济发展模式优化性公式可以写为：

$$M_{1949 \sim 1957} = M_{1949 \sim 1957} \big[S(L), S(K), S(T), PR(EP), LV, SCA \,\big|\, g \big] \qquad (2.11)$$

这里对 1949～1957 年的分析表明，这个时期"经济发展"的模式，无论是从经济发展要素的社会属性的实现、生产关系的进步、政府政策还是从社会主导价值观等方面来看，无疑体现了社会进步、人性、人权、人道、平等和在此基础上的公平，因而模式优化程度的上升是必然结果。至于新中国在特定历史条件下创造出来的"独特竞争优势"更是 1927～1937 年时期所不能想象的（也是西方经济学理论无法理解和解释的）。这两个阶段的对比分析还清楚地表明，发展模式的优化性与经济发展的速度之间没有必然的正向联系，经济发展本身可能导致发展模式的不可持续。即使有经济增长，那还要看这个"增长"所赖以进行的模式的科学性。

如果我们把 *DI* 和 *SCA* 看作是一个更为一般的变量，即政治形态的区间的两个端点，那么，公式就可以写成相同的形式。这表明，经济发展要素社会属性的实现、经济政策与平等、公平、正义的经济利益关系

① 中国改革开放后许多名声、名气的制造无论是过程还是标准都太受西方影响了。这绝非中华民族之福。在中国古代，给予社会中某个人以什么样的名声是皇帝所必须掌握的权力。一旦皇帝这种权力被极大地削弱，这个王朝就要面临崩溃了。斯大林时代通过设立斯大林奖金、颁发奖章等办法确立了自己的名声体系。中国的解放勋章等功勋章在今天社会的美誉度似乎不如苏联当年，也不如美国今天相应的勋章。

的一致性程度的提高、社会主导价值观与经济发展的吻合程度的提高以及独特竞争优势的创造、官商勾结经济形态和封建专制政治形态的消除对于经济发展模式的合理性具有极高的变量显著性。

第五节　与新古典增长理论框架的合理性比较

当分析与经济增长相关的问题时，许多学者最先想到的就是新古典增长理论的框架。本章则建立了一个与之根本不同的框架。那么，本章所建立的基本模型具有怎样的方法论优越性呢？

首先，新古典增长理论要么在实际上已经隐含了"高增长率的国家其经济发展模式也必然好"的假设，要么就是假设经济发展模式对于增长分析无关紧要，要么就是用全要素生产率来对发展模式进行片面性解读。按照前面两种假设的任何一种，中国不仅没有发展模式问题，而且发展模式最好，因为其 GDP 增长率最高。可是，这不仅与本章第二部分所分析的国民党统治时期高经济增长率与无效率的经济发展模式并存这一事实相悖，也与中国提出转变经济发展方式相违背。有西方学者根据全要素生产率计算得出了中国经济发展仅仅是依靠粗放性要素投入增长的结论。应该指出，这个结论相比前面两个假设具有合理性，符合中国的现实，但全要素生产率的分析框架是有问题的。这不仅因为它把所有非要素投入的增长全部归结为技术进步，这就使得技术进步成为一个不可操作的概念，而且因为用边际产品来衡量要素投入的收入缺乏合理性。科学的分析不能仅仅建立在某个结果与现实的偶然的一致性上面。

其次，发展成就和发展模式作为一个客观事物，是经济、政治、政策、文化、地理、历史、习惯等各种因素综合作用的结果，而包括新增长理论在内的几乎所有西方教科书中的增长理论都没有仔细推敲一个国家经济增长的根本原因。它们只是根据某种合理性探讨经济增长的机制。对于中国、印度、俄罗斯等国来说，其经济增长依赖于众多因素。比如，本书第一章文献回顾已展示，劳动力转移、开放政策、市场化、唯 GDP 论等都对中国经济增长产生影响，从诸多目前对中国劳动力成本上升的讨论看，廉价劳动力无疑也对增长率产生重大影响。可是，新古典等增长理论假设劳动力得到了公平的工资，无所谓廉价与否。可见，众多对发展成就和发展模式产生重大影响的因素无法包容在西方的增长理论框架之中。而在本章分析中，我们基于龙斧、王今朝（2011）所选择的要素的社会属性、主导价值观、经济政策、独特竞争优势、政治形态既直接是对中国发展历史的归纳与提炼，也可以看作是这些影响经济发展成就与发展模式的因素的因变量或者是代理变量。尽管本章并没有涵盖所有重要的变量（比如没有深入探讨所有制，也没有探讨决策者的社会心理因素），也没有能够深入处理所涵盖的变量，但从这个框架与历史的一致性、与其他变量逻辑关系的一致性上看，其科学性是高于西方增长理论的框架的。

再次，从数学形式上看，本章所建立的公式则具有与新古典增长理论公式的相通性，这种相通性之下的根本差异性进一步显示新古典增长理论框架的方法论问题。新古典增长理论是建立增长率与要素增长率、技术进步率、人力资本积累率等变量的回归关系，本章则是建立发展模式优化性程度与要素社会属性、经济政策、社会主导价值观、独特竞争优势等变量的回归关系，并且因所考虑的历史时代不同，赋予这些变量以不同的含义。这就使得本章的分析虽然在数学形式上具有与新古典理论的相通性，却能够因所选择变量的显著性而保证分析内容的科学性。

最后，本章框架相比新古典框架包含更多的历史特性分析。本章同意霍奇逊的观点，即经济学是不能忘记历史的。[①] 不能忘记历史是为了

---

① 杰弗里·M. 霍奇逊：《经济学是如何忘记历史的》，中国人民大学出版社，2008。

更好地服务于现实。比如，中国目前存在的官商勾结现象为我们所做的国民党统治时期官僚资本主义作为影响经济发展模式因素的历史分析提供了现实性，而对国民党专制的分析则有助于抵消那种今天普遍存在的对于专制的错误的理解。[①] 国民党 1927～1937 年"黄金十年"的经济发展模式与共产党领导下新中国 1949～1957 年短短 8 年的经济发展模式的历史比较是能够给人以启迪的。

那么，新古典增长理论及其某种变种为什么不具有对中国问题分析的适应性呢？

首先，从生产力看，中国生产力极为低下，技术水平极为落后，资本极为短缺，人均资源极为贫乏，基础教育极为薄弱，人口极为庞大，高素质劳动力极为稀缺。这也就是说，在所有西方经济学（如新古典）所确立的（或没有确立的）增长要素来看，中国上述这几个"极为"使它不应该有经济的长足发展、增长。其次，从中国面临的世界局势和各种挑战看，冷战、东西方对垒、抗美援朝、海峡对峙、美国威胁、中苏交恶、"战争边缘"从未减少。这一切对经济增长本身来说无疑是一个制衡性因素，是一个压力性因素，是一个要使经济本身增长所必须面对的不利因素，也是经济学上的负外部影响。从这一点讲，就是一个与上述生产力条件、国际国内威胁挑战相同情况的西方国家（假设），是否就会采取大力发展市场经济下的商品经济、让少数人先富起来（关于社会主义生产关系下"少数人先富起来"的政治经济学限定条件和匹配条件，见龙斧、王今朝，2011）、一切工作（即上层建筑和经济基础领域的一切部门）以经济发展为中心、让少数人掌握生产资料而把大多数人沦为雇佣劳动、在私有资本急剧增长的同时以绝大多数社会成

---

① 比如，今天一种观点把专制进行形式主义的理解，如把鲁迅在国民党统治下能够发表文章看成是反映了国民党时期的民主。此类错误理解在今天中国普遍存在。对民主和专制关系的理解是中、印、俄三国经济社会生活中的重大理论问题。

员的经济地位和保障为代价从而来达到 GDP 增长的目的，也是值得思考的。再次，从生产关系看，中国所选择的社会制度，即社会主义制度，必须保证人类有史以来最大规模人群的基本经济生存、就业、读书、医疗、住房、交通、养老，同时还要发展对经济发展不产生直接效益，甚至产生资本负效益的军事、国防、太空、科技等领域。这无疑也对以指标、指数为衡量的经济增长带来压力。最后，中国在这个阶段的"大跃进"是一个经济发展政策上的失误和"文化大革命"十年的动乱干扰着两大发展经历，无疑对经济增长产生了阻碍。①

在上述这四大因素作用下，中国经济的发展应该不断出现崩溃、危机状态，但到底是什么原因反而使其经济增长，取得了令西方世界也不得不承认的结果呢？这是十分令人深思的！考虑到上述这四大因素对纯粹经济增长衡量的"不利"影响后，30 年里形成的发展模式下的经济增长了吗？它是否使中国经济发展陷入了崩溃呢？对这两个问题分别予以肯定和否定的回答就揭示出新古典增长理论的不适应性。

第六节　中国 1958～1980 年时期经济发展的历史反证法分析

第一章文献回顾中已经说明，经济学界对 1958～1980 年时期中国经济发展模式存在较大意见分歧。除了那些意见之外，还有诸多似是而非的观点。比如，一种观点认为，1976 年，中国经济已经到了崩溃的边缘，似乎中国经济在这一年比 20 世纪 30 年代美国大危机最深时候都更为艰难。又有一种观点认为，这个时期与前一时期的重工业优

---

① 资本主义有没有经济发展政策失误呢？假设我们抛开政治因素和本质，也把西方几百年来经济殖民主义、经济帝国主义视为经济发展的政策和模式，它是否失误过呢？是否可以视 20 世纪的经济大萧条和两次世界大战为这些政策和模式"失误"而产生的结果呢？

先发展战略是错误的。那么，究竟如何看待这个时期呢？正确地看待这个时期，不仅是历史研究的需要，也是当前中国经济发展模式优化的需要。

一　1958～1980 年时期的经济发展成就

从经济发展速度看，尽管经历"大跃进"的巨大挫折，中国工业产值到 1970 年历史性地首次超过了农业产值（见表 2－1），到 1980 年已建立了较为完整的工业体系和国民经济体系。即便在"文化大革命"中，GDP 年均增长率依然达到 5.2%。① 表 2－2 表明，"文化大革命"期间，除 1967 年、1968 年和 1976 年外，其余各年人均 GDP 都在增加，而且这三年的人均 GDP 增速的降低（最大为 －8.1%）都远远低于1961 年的 －26.6%。在 1958～1980 年时期里，中国与发达国家相比，尽管经济实力薄弱、人均产值低下，但依然在科学技术、国防建设、公共教育、公共医疗、社会保障和各类公益事业方面有令世界瞩目的发展。婴儿成活率上升，平均寿命由 35 岁增加到 65 岁，识字率从 20% 上升到 70%。尤其值得注意的是，与世界上和历史上许多国家相比，中国经济发展成就的取得并不是以贫富分化、官商勾结、贪污腐败、犯罪率上升、社会问题增多为代价的。恰恰相反，中国在这个阶段的犯罪率下降，政府廉洁，社会风气良好。如果考虑到"大跃进"和"文化大革命"的巨大干扰因素，考虑到当时的经济实力，考虑到新中国所面临的挑战和所要进行经济基础发展的领域，上述经济成就和在经济发展模式优化性进步上所取得的成就只能在公式中所指出的几个因素中找到解释和答案。

---

① 以 1952 年 GDP 为 100，1966 年和 1976 年 GDP 不变价格指数分别为 237.1 和 392.2（《新中国 50 年统计资料》）。由此计算出的复利增长率为 5.2%。

表 2-1   中国工业化过程：1952~1990 年工农业总产值（当年价格）

单位：亿元

年份	1952	1962	1970	1980	1990
农业	342.9	453.1	793.3	1359.4	5017
工业	119.8	325.4	828.1	1996.5	6858

注：用 GDP 数据描述的工业化过程与本表一致。

资料来源：根据《中国统计年鉴 1999》表 3-1 计算得到。

表 2-2   中国人均实际 GDP 增长速度：1953~1978 年

单位：%

年份	1953	1954	1955	1956	1957	1958	1959	1960	1961	1962	1963	1964	1965
GDP 增速	13.1	1.8	4.5	12.7	2.4	18.3	6.7	-0.5	-26.6	-6.4	7.5	15.5	14.3
年份	1966	1967	1968	1969	1970	1971	1972	1973	1974	1975	1976	1977	1978
GDP 增速	7.7	-8.1	-6.6	13.7	16.1	4.1	1.2	5.4	0.2	6.8	-3.1	6.2	10.2

资料来源：根据《新中国 50 年统计资料》和《中国统计年鉴 1999》表 3-3 计算得到。

二 假如没有"大跃进"和"文化大革命"：中国经济发展与发展模式的互相促进

在这一时期，奠定中国 1949~1957 年时期经济发展模式的基本机制依然起作用，但"大跃进"和"文化大革命"的发生及其背后的原因、性质，从其他方面、其他角度对业已形成的模式产生了冲击。

（一）经济政策的极端性

"大跃进"表现了带有极端性的政策对经济发展的影响。[1] 由于资本主义和社会主义两大阵营的对抗和"冷战"意识形态的影响，中国尽管在主观思想上要发展社会主义经济，但在客观方法上却以激进主

---

[1] 对"大跃进"、"文化大革命"等历史背景、意识形态和思想根源分析，请参见龙斧、王今朝、边金鸾（2007a）。

义、冒进主义、急于求成代替经济发展规律。① 这种"超英赶美"思维支配下的经济上的"多"、"快"方法，必然不可能达到经济学意义上的"好"（高质量）和"省"（高效益），而那种以"总产量"全面衡量经济和社会发展的思想观与不切实际的统计数字不仅导致方法上的简单化，而且严重违背社会主义经济发展规律。② "大跃进"实证案例表明，极端性经济政策可以对业已形成的发展模式产生直接影响，其直接结果是使一个社会丧失了数年用经济发展的成果来巩固、加强已经建立起来的有利于提高发展模式优化性程度的机会。而"文化大革命"除了意识形态极端化再次表现出来以外，由于其他因素的作用（见下面分析），就远不只是"直接影响经济发展模式"的问题了。

（二）社会发展指导理论的定位

一个社会发展指导理论对经济发展模式的影响具有多重、交叉性：它既可以成为经济发展的动力，又可以成为阻碍、破坏经济发展的因素；既可以通过影响经济发展来影响，又可以直接影响发展模式科学性程度的上升和下降。那到底是什么决定这一因素的影响方向呢？那就要看这个社会发展理论是否与社会现状相对称、相符合，对社会主要矛盾是否具有针对性，其方法、手段是否具有科学性和实践指导性。③ 如果回答都是肯定的，那么它既可以促进经济发展又可以加强经济发展模式优化性，反之则相反。"大跃进"理论一方面与中国"一穷二白"的实

① 这里不是指西方经济学中的"经济发展规律"。今天中国经济学理论研究中的一个主要倾向就是把西方经济学框架中的"市场经济规律"作为普遍"经济发展规律"，其实社会主义经济也有其自身发展规律，包括怎样探索、改进和对"冒进"错误怎样纠正的经济规律，只是中国的这个试验和实践被"文化大革命"所终止。不认为中国当时社会主义经济也有其自身发展规律，从经济学、社会学、历史学角度讲都是片面的。

② 今天这种思想观上的片面性和方法上的简单化依然占有市场，所不同的就是当时的"大跃进"时要尽快实现共产主义而今天一些人是要实现"政绩"。

③ 关于社会指导理论内涵确立的科学模式和所必备的科学要素，请参见龙斧、王今朝（2011）第10~11章。

际现状"相符合""相对称"，对当时社会主要矛盾也具有针对性（落后的生产力与先进的生产关系），但另一方面其方法、手段违反"科学发展观"，因此不具有科学的实践指导性，结果无法达到高速发展经济的目的。但就整个社会来说，当时社会的主导价值观并没有被改变，新中国的社会、民族、国家凝聚力、感召力和号召力依然存在（尽管受到影响），"独特竞争优势"（见上一节分析）没有丧失，更没有产生社会性的对抗和冲突。这也是为什么"八字方针"能够较快将中国经济发展纳入正轨，并较好恢复到原来的发展模式的原因。[①]"文化大革命"则不同。

首先，其理论本身就与当时社会人群广泛认可的现状"不对称"，更没有根据社会广泛认可的实际状况来确定社会主要矛盾，而是根据先"制定"的"理论"来假设社会实际状况并人为制造社会矛盾。[②] 结果它根本无法达到"设想的目的"——通过打倒"资产阶级"来建立纯而又纯的社会主义国家，而是从根本上让社会矛盾复杂化了。

其次，与"大跃进"不同，"文化大革命"实践所包含的另一理论内涵是把"经济发展"与"社会发展"对立起来（理论内涵的另一错误）。本来针对"大跃进"的错误，"八字方针"从科学发展观出发已经使中国经济发展重新回到自身规律中来。1963～1966年这段时期的GDP年平均增长率达到前所未有的15.3%[③]，而且已经开始一些"摸着石头过河"式的带有"市场经济"意识的尝试（如允许自留地、发展商品经济或小商品经济）。按照这个速率推算，中国1962年的GDP可以在1972年实现"翻两番"，而且在1988年达到改革开放后2005年的

---

① 党内斗争不是本章分析对象，尽管它也可以作为一个影响因素。
② 关于对"文化大革命"等案例的详细分析，请参阅龙斧、王今朝（2011）第10～11章。
③ 根据表3－2数据用复利法计算。

总产值。① 而把"经济发展"与"社会发展"对立起来的"文化大革命"理论与实践，不仅使中国在 10 年中丧失了大量用经济发展成果继续增进经济发展模式优化性的力量，也使之在 10 年中丧失了大量在公共教育、公共医疗、社会保障、公益事业、婴儿成活率、平均寿命、识字率、消除黄赌毒、降低犯罪率、公务人员廉洁奉公等方面已经取得令世界瞩目的成就基础上进一步发展的机遇和条件，还使之在 10 年中丧失了大量在已经建立起来的良好并具有独特竞争优势的科学技术、制造业和重工业基础上对世界发展方向和特点进行分析、掌握、借鉴并进行独创的机遇。② 从这一点看，"文化大革命"理论不仅直接影响中国经济发展速度，而且直接影响了原有经济发展模式的顺利运行。

再次，"文化大革命"中的政治运动直接导致社会对抗和冲突，它绕开"经济发展"直接对经济发展模式优化性程度产生影响。"大跃进"并没有人为制造社会团体或利益集团的对抗，而"文化大革命"则以此著称，因此最大限度、最为深入广泛地破坏了正在逐步建立起来的而且是发展模式不可缺少的社会新型人际关系和文化，这也使原来已经被摒弃了的中国封建传统文化中的糟粕在"文化大革命"结束后伴随着市场经济改革而又沉渣泛起，在官场、商场、政府部门、企事业单位和各种社会、经济、政治的人际关系中重新登场。中国从而丧失了一

---

① 以 1952 年 GDP = 100，则 1962 年 GDP = 140.4，2005 年 GDP = 5677.5。然后从 140.4 $(1 + 15.3\%)^n = 5677$ 可以求得 $n = 26$。所以，按照这三年的增长率，1988 年就会达到 2005 年的发展水平。

② 根据今天大量分析和历史回顾，"文化大革命"结束时，中国不仅在科技上而且在汽车、飞机等重工业制造能力上都达到"先进门槛"水平。同时，从那一代人创新发展的能力上推测，他们可以像今天的政府一样在"持续发展"上有所作为。至于中国是否会在 1972 年实现经济"翻两番"或在 1988 年达到今天 2005 年 GDP 的同时开始"搞活市场经济"、改善"衣食住行"、增加家庭收入，我们只能从当时制定"八字方针"的那一代中国政府和领导人的价值观、理想中做出推断。但假设他们会这样做，那将不是以贫富分化、官商勾结、贪污腐败、经济犯罪上升、社会问题增多、社会主导价值观受到"拜金主义"影响为代价的。

个把社会主义社会新型人际关系、新型文化与传统文化中优良遗产加以结合从而构建出一个崭新的和谐、奋进、独立、平等、文明、进步、充满朝气（而非商气）而不单单以"经济发展、车水马龙、高楼大厦"为社会进步衡量标准的民族立于世界之林的机遇。[①]

最后，如前所述，"大跃进"尽管经济后果严重，但对新中国建立起来的主导社会价值观体系和"独特竞争优势"并没有进行摧毁性破坏。这一方面是由于政府敢于承认经济、社会发展过程中的理论错误、政策失误（刘少奇，1962），另一方面卓有成效、目的明确、手段坚决地进行了理论和方法上的调整。所以"八字方针"在恢复经济发展的同时，也在一定程度上纠正了"大跃进"对中国经济发展模式优化性程度的负面影响。而"文化大革命"由于其中理论之错误、方式之极端、手段之恶劣对原有价值观以摧毁性破坏，极大影响了社会的信仰和理想。所以，"拨乱反正"虽然使中国恢复正常经济与社会运转，但是无法全面恢复由"信仰、理想、主义"下产生的新中国经济发展的"独特竞争优势"了。而至于它对原有经济发展模式的各种间接影响可能就无法完全估计了。

第七节　结论

围绕经济发展是否、怎样影响经济发展模式优化性这一问题，本章对中国三个历史时期进行了分析，并得出以下结论。

第一，经济发展本身与经济发展模式优化性程度没有直接因果关系。这是因为致使和围绕经济发展的政策、方法、手段、过程、模式以

[①] 阅读《左传》给人这样一个感觉：中国古代，从一个国家来说，晋文公重耳时期的晋国堪称一个文化盛世。与之可媲美并且可以超过它的，唯有新中国的 1949～1966 年时期了。

及经济发展的社会结果等，都对经济发展时期的经济发展模式优化性程度产生影响。这些不同类型的影响方式和结果充分揭示了经济发展与经济发展模式优化性程度，既非一个简单的又不是一个单向的线性关系（即非"市场经济的完善与发展将导致经济发展模式优化性"所描述的那样）。从理论上看，这个结论揭示了"经济发展"本身不可缺少的但又被常常忽略（见本书第一章文献分析）的经济学、经济社会学、政治经济学本质。比如，经济发展要素的社会属性实现与否、程度高低，经济政策在经济发展时期对生产关系的作用，都将对经济发展能否起到促进作用产生直接影响。在这一点上，中国自身的正反两面的历史"样本信息"依然历历在目。

第二，伴随经济发展可能出现的社会、经济现象也对经济发展模式优化性程度产生影响。比如，经济发展时期官僚资本主义（或其现象）的出现、专制独裁的存在以及它们的经济、社会作用，无疑加剧社会主要矛盾和冲突，从而直接影响经济发展模式优化性，只是经济发展给它们以更多的经济力量（至于经济不发展或倒退时期，这两个因素对经济发展模式优化性影响是否更大不是本章研究的对象）。

第三，本章分析了一个社会在特定环境、条件和历史下产生的对经济发展产生影响从而对经济发展模式优化性产生影响的重要因素——"独特竞争优势"。它不仅通过对经济发展产生作用从而影响经济发展模式优化性，而且直接对经济发展模式优化性产生影响。它直接解释"一穷二白"的新中国为什么可以在经济上有西方市场经济学理论（如资本积累、成本效益、基本发展要素等）无法解释的发展，并同时在科学、教育、人文环境、社会福利、医疗保障、民族精神、国家面貌、新型文化诸方面也有发展。从社会发展理论上看，中国历史上这一"独特优势"的形成、功能和本质，加上特别经济政策（见1949～1957年、1958～1980年的分析）和经济发展要素的社会属性的实现方式，既不完全是或者直接是马克思经典社会主义理论的产物，又与当时苏联式的社会主义有很大不同。可以说中国那时就已经在摸索并实践了"中国特色的社会主义"，并在一定程度上把"马克思主义中国化"。

第四，"中国特色的社会主义"和"马克思主义中国化"，无论是口号的提出还是具体的社会实践（更不用说那些以词汇拼凑、议论声明、牵强附会、丧失严谨性、逻辑性和科学行为特征的"理论阐述"），都不能保证经济与社会发展不犯错误，而意识形态正是这样一个影响因素。作为意识形态极端化产物的"大跃进"阻碍、破坏了正在发展的经济并使社会失去提高发展模式优化性的一个机会，而"文化大革命"中把经济发展与社会发展相对立只是这种极端化的另一种表现而已。所以，极端强调经济发展（无论是不讲科学手段还是无视发展时期的社会矛盾与问题），或极端反对经济发展，都可能带有这种意识形态极端化的色彩。

第五，社会发展指导理论能否科学确立对经济发展和经济发展模式优化性都产生巨大影响。其对社会主要矛盾的针对性，其自身科学要素的具备，从根本上决定社会实践中是创造经济与社会发展的"奇迹"，还是制造、掩盖、加剧社会矛盾与冲突从而使社会发展、经济发展模式优化性无法实现。我们的因素分析使这一结论不容置疑。

本章基于两个时期的历史实证比较分析表明，经济发展模式的优化性既会因经济发展要素的社会属性的无法实现而降低，也会因经济政策的方向性错误而降低，还会因官僚资本主义集团的出现而降低，更会因社会的专制独裁而降低。与之相反，如果经济发展要素的属性得到有效实现，如果经济政策促进生产关系等经济利益关系变量的平等性、公平性和正义性程度提高，如果社会主导价值观与经济发展吻合程度提高，特别是如果一个国家建立了自己的独特的竞争优势，那么，其经济发展模式的优化性将是不言而喻的。

　　本章所考虑的要素社会属性、经济政策等变量构成了决定经济发展模式的基本变量体系。这一分析框架不仅可以用于分析 1927～1937 年、1949～1957 年的中国，也可以初步用于分析 1980～2012 年时期的中国，还可以用于分析印度、俄罗斯等国。因为它们是这些国家以及这些国家不同时期所面临的共性的、显著的变量。①

　　在下面一章的分析中，我们将利用这一框架具体考虑中国 1980～2012 年经济发展速度对廉价劳动力供给的依赖、自私自利行为的普遍性出现、社会普遍感受到的道德缺失、收入分配差异的危险性拉大等因素对中国发展模式优化性的影响。这些考虑的政策含义是非常明显的。即中国应该在加强经济发展要素社会属性实现方面、在加强经济政策与平等公平正义的经济利益关系一致性方面、在提升经济发展与社会主导价值观一致性方面、在创建中国独特竞争优势方面（并不简单是技术创新）进行努力，才能实现中国经济发展模式的优化和发展方式的转变。

---

① 中国一些人在阅读文献时缺乏一个基本的方法论常识，即对所阅读文献的质疑没有首先从文献自身入手，而是首先从自己的其他感觉、经历入手。比如，针对本书这一章的论述，有人可能会用"中国这个时期根本缺乏激励机制"的印象来加以反驳，但本书这里并没有探讨激励机制问题。如果出现这样的情况，阅读者和作者就不是在一个理论框架下谈论问题了。如果阅读者有权这样，那作者反过来也有权对阅读者这样，那就无法进行学术探讨了。值得进一步指出的是，作者尽管没有探讨某一问题（如这里的"激励"问题），但这不表明作者会承认阅读者就此问题所提的观点。完全可能是阅读者对这个问题的历史事实和辩证关系并没有弄清楚。这就更加增加了学术探讨的无效率了。关于激励的详细探讨参见龙斧、王今朝（2011）。

第三章

中国 1980～2012 年时期的经济发展
模式：历史实证和反证分析

1980～2012 年时期以"文化大革命"结束为契机，相对 1949～1980 年时期，这一时期跨越时间更长，经济政策的延续性和演化性极强，以经济发展为主要特征并取得巨大成就，GDP 年均增长 10.1%（见表 3-1），而待研究问题也极多。邓小平曾说，发展之后出现的问题并不比发展之前少。那么，邓小平所指究竟是什么呢？在邓小平去世后的十余年中，中国经济发展了，问题是在积累还是在减少呢？在所有这些问题中，哪些为改革所无法避免，哪些是理论不虞却可避免的结果呢？对此，我们只能从交叉科学角度来加以研究。这种研究对于中国发展模式转型是不可或缺的，毕竟，如果不知道问题的症结，怎么对症下药呢？这种研究不是对改革开放及其成就的否定，毕竟，指出病人的病症和病因并不是否定病人本身。鉴于此，我们以龙斧、王今朝（2011）第 21～22 章为基础，既采用第二章中的结构，又有所发展[1]，同样选定经济政策科学性、雇佣－劳资关系对劳动力社会属性的影响、经济行为

---

[1] 做出发展的原因在于，对于历史的分析的目的乃是服务于现实，所以，历史分析较为简单，而现实分析需要增添诸多复杂性因素影响。否则，研究就会流于空泛。

与价值观的一致性、社会问题和成本四个因素，检验它们怎样在经济发展时期作用于经济发展模式优化性，具体分析它们的作用方式，尤其它们是在什么条件下产生什么样的影响，并以1949～1957 年和 1958～1980 年两个阶段作为实验比较对象。在此基础上，这里我们还检验一个重要的"二级影响因素"——政府功能定位、行为特征和运行效益。由于它同时作用于上述四个因素影响经济发展—经济发展模式优化性关系的方式和程度，我们将它定义为"普遍性中介变量"（Universal Intervening Variable）。这一检验揭示"政府"在经济发展与经济发展模式这个关系中的重要作用，并为现代社会政府功能、效益的衡量提供依据。

表 3－1　中国经济每 5 年平均增长率：1980～2010 年

单位：%

时　　期	1980～1985 年	1985～1990 年	1990～1995 年	1995～2000 年	2000～2005 年	2005～2010 年	1981～2010 年
年均增长率	10.7	7.9	12.3	8.6	9.8	11.2	10.1

资料来源：根据《中国统计年鉴 2012》表 2－5 按照复利增长公式计算得出。

从研究方法上讲，本章首先依凭实证研究、案例解剖和对比分析等方法，交叉运用多种科学理论，确立并验证 1980～2012 年时期中国经济发展模式的一些重要影响因素。其次，具体解剖各种因素的影响与作用关系，揭示它们最主要、最根本的内在联系和变化规律，并在此基础上运用计量经济学理论框架的方法推出带有共性的理论验证公式。

从研究次序上看，由于经济发展要素的社会属性的实现在 1949～1980 年时期已经形成，它的变化是后于经济政策的变化的，而变化的速度是缓慢的。因此，尽管在第二章中我们首先研究的是经济发展要素的社会属性，这里，我们则需要首先研究经济政策变量。实际上，如果没有经济政策变量的变化，则其他一切问题都较难发生。

第一节 中国所有制结构变化：以 "国退民进"为例

在第二章的分析中，所有制结构并没有被突出地显现出来。这不是因为它不重要，而是本书表述安排的需要。如果没有公有制作为新中国的经济基础，新的不同于国民党时期的社会主导价值观和独特竞争优势都无法建立，也根本不可能有相应的经济发展要素的社会属性的实现，也不会有相应的经济政策制定和社会主义计划经济的实施。[①] 但为了避免重复，本书把所有制作为中国经济发展模式优化性决定变量的问题放在这里加以讨论。毕竟，为了求得中国经济发展模式的转型，就不得不分析问题的关键，而回顾历史，说"我们也曾富过"，那没有什么太大的意义。毕竟，今天中国社会许多人的思维能力已经远远不如上一代人了，他们很难把所有制与经济发展模式的优化性联系起来，即使联系，方向也可能发生错误。

中国所有制的变化，无论是农村还是城市，初期确实是以所有制多元化为方向，走到后期，则是偏向了私有制发展，甚至国有企业的管理也在一些领域违背了公有制的基本原则。[②] 在公有制的汪洋大海中，引进一些私有制因素并使其在社会主义法律监控之下运作并不为过，但如果私有制的发展依赖于抢夺国有企业市场，甚至于剥夺国有企业资产，控制国有企业的领导权，那就不仅已经超出了中国法律的社会主义性质所允许的范畴，而且势必引起一系列导致经济发展效率效益降

---

① 这里是对企业所有制的社会影响来谈的，而不是说企业所有制会决定一个企业的成败。资本主义企业是否是成功的呢？如果是，那么从企业本身的成功与否得不出关于哪种所有制好坏的结论。

② 周新城：《国企管理应符合所有制性质：学习毛泽东关于管理问题论述的两点感想》，《国企》2011年第5期。

低的问题。这样，即使发展速度较快，发展较为平稳，发展模式的合理性却降低了。不仅如此，如果发展速度更快，发展效率效益降低更多，则发展模式的合理性降低得就更多。中国多种所有制并存的方式、路径、内涵有很多，这里，我们仅以极为典型的"国退民进"政策加以分析。

一　"国退民进"与"公有制无效率"命题

大量事实已经表明，公有制是有效率的，从不同角度进行的理论论证也说明了这一点。就连西方国家也对中国的公有制机制极端恐惧。而从语义学的角度看，如果公有制有效率，就不应该实行什么"国退民进"。因此，在中国以提升效率为主题的改革中，"国退民进"政策的经济理论根据必定是"公有制无效率"这一命题。当然，这一伪命题的得出或许是把中国发展了几十年的社会主义公有制企业与发展了几百年的美国的私有制企业相比较，也或许是把发展了几十年的社会主义公有制的中国与他们所设想的资本主义私有制的乌托邦相比较。但无论怎样，它都是一种双重标准下得出的错误命题而已。考虑到中国在经济制度、发展路径、历史背景、信仰体系、价值观、人口资源、生产力条件、基础与水平以及相应任务、目的等方面与资本主义国家相比所存在的诸多差异性因素，其社会主义公有制企业与资本主义企业并不具有现实的可比性，它们的行为准则、决策目的是不一样的，如果比较，那最多只能用决策因素一致性、实施手段一致性来比较，而不能用资本主义市场经济下的私有制企业的标准来比较。可是，中国一些人正是用资本主义企业的标准来分析、解释中国昨天（1949～1980 年）和今天的国有企业问题。当研究国有企业问题（如"效率效益"）时，就用简单、孤立的（即使不带意识形态、价值观偏向的话）因果关系来解释——

国企问题就是因为没有私有化！[①] 然而，西方市场经济下的私有化发展了 500 年为什么仍然存在效率效益问题、通膨问题、危机问题、不均衡问题、企业破产倒闭甚至世界范围的经济危机呢？如果企业效率高低与所有制具有直接、单一的因果关系，那么美国在企业和质量管理上不如日本效率效益高，是否也是因为美国私有化不如日本呢？根据西方现代管理学、组织行为学和企业创新学，大企业一般都没有中小企业效率效益高，是否也是因为大企业私有化程度不如小企业呢？[②] 正是在这里，这种西方新古典观点一方面先验地断定资本主义市场经济的企业效率效益问题与私有制无关或干脆无须有关，或至多是"均衡"问题；而另一方面，它又先验地断定社会主义国有企业的效率效益问题就是因为公有制所致，并依此提出表面五花八门而实际万变不离新古典其宗的私有化或私有资本注入之类的方案。设想本因营养不良造成的消瘦被诊断为癌症所致，在医疗方案和过程中又会产生什么结果呢？双重标准明显的逻辑性问题从根本上体现了新古典极端资本主义市场化、私有化、自由化价值观。而那种简单认为只要经济增长、一切只要私有化，一切经济、企业问题都可以解决的理论，不仅是这种价值观作用的结果，而且体现了具有唯心主义、形而上学性质的还原主义方法论思想。这就与为解决消瘦问题强调全身包括眼耳鼻喉、五脏六腑在内的一切功能、领域的工作都以脂肪增长为中心一样荒谬，就与新民主主义革命时期看到国民党占据大城市共产党也就制定"一切工作以城市武装暴动为中心"一样荒谬。不考虑上述复杂的、多元的（并非简单的多元回归）、交叉

---

① 龙斧、王今朝的《社会和谐决定论》一书论证了中国国有企业社会主义建设时期的高效率高效益，并从理论和学术上论证了国有企业与私有企业在生产目的、企业性质和社会功能上没有可比性以及单纯、孤立、割裂比较"利润"的非科学性，证伪了这种国有企业效率效益低下的新古典理论。

② 根据西方现代管理学、组织行为学和企业创新学，企业规模与效率效益具有相关性，而根本不是什么私有化程度问题。

式的、相互的、多重性的、反复的影响与作用/副作用/反作用关系，片面强调"一切交给私有制""经济发展解决一切问题"，结果就会南辕北辙、适得其反。[1]

二　"国退民进"与经济发展模式

本来，如果"公有制无效率"是一个伪命题，那么，在它指导下所制定的"国退民进"政策将对中国经济发展模式造成怎样的影响就无须再等实践加以检验了，但为了更清晰地看出私有化过程会对中国经济发展模式造成怎样的影响，更为细致地分析"国退民进"这种改革是有必要的。第一，从历史唯物主义看，中国改革开放时国企体制不适应向市场经济的转型，但又有哪个（类）体制或企业、个人已经完全"适应向市场经济的转型"？无论是个体、民营还是进入中国的西方企业都在"摸着石头过河""边改进边摸索边发展"，而且由于各种原因都有较好机遇、条件、支持。第二，从上述"谁之过"的问题根源分析看，这个"出售转让"政策与"'文化大革命'后的经济落后"这一现状已经没有关系，而是在"近因""光环"效应影响下要急催经济发展的效益、利润，并认为国企的出售、转让、参股、入股将大大加快这个速度。第三，从"迅速发展"目的上看，"出售转让"的结果并没有产生巨大经济效益（这里效益不仅指它所带来/代表的最广大人民群众利益和因此在教育、医疗、卫生、医药、住房、社会保障、公益、福利事业等方面转为实际可参照性衡量的效益，而且也指国民经济总产值和 GDP 效益）。国企的大量出售、转让是从 20 世纪 90 年代中、后期开

---

[1]　正是针对这种双重标准和方法论上的极端化，在批判以资本主义指标衡量社会主义效率效益的实证基础上，在对社会主义国有企业效率效益进行整体主义、交叉科学方法分析的基础上，龙斧、王今朝的《社会和谐决定论》提出了中国经济发展与社会和谐程度的衡量模型。

始的。从表 3 - 1 计算比较 1981 ~ 1995 年和 1996 ~ 2005 年中国 GDP 增长的速度，不难看出"国退民进"并没有引起经济增长率的大幅度迅速提高①（这时那些崇拜西方理论、倡导"加快私有化进程"的观点就不讲"市场经济规律"了）。第四，从经济政策的社会公平、正义性来看，如果说"高速发展"的目的没有达到，一些不虞后果却对经济发展模式优化性产生了影响（一个政策的不虞后果的数量、种类和影响程度是其科学性程度的一个衡量标准；后果越多、影响越大，决策科学性越低）。"出售转让"引起国有资产流失，不仅对"最广大人民群众"来说是一次不公平的社会资产、资源、资本再分配（无论是按照社会主义价值观还是西方市场经济价值观或法律观），而且也给"少数人一夜间暴富"创造了条件和机遇（尽管这并非"出售转让"的目的）。第五，从经济政策的个人效应上看，"出售转让"使下岗、待业、失业的人员增加并失去经济保障，使国家为"安置"支付"成本"代价（西方市场经济体制下"出售转让"的类似成本代价主要由购方承担；这时那些崇拜西方理论、倡导"加快私有化进程"的观点就不讲"市场经济规律"了）。第六，从经济政策的社会效应上看，由于下岗、待业和失业产生的其他社会问题又增加了社会和政府的成本代价，与上述"成本"一起，产生双重社会"成本"。第七，从市场经济规律和模式上看，"出售转让"是一个"市场"现象，是靠"看不见的手"，而指定谁必须"卖"和物色谁最好来"买"是只"看得见的手"（这时那些崇拜西方理论、倡导"加快私有化进程"的观点就不讲"市场经济规律"了）。第八，从社会经济学（Socio-Economics）角度看，"出售转让"不仅加剧了中国的两极分化和贫富差距，而且非市场行为或政

---

① 在做上述比较时，我们还要注意到 1981 年和 1989 年的低增长率。这意味着"国退民进"并没有带来经济更快增长，反而低于 1990 ~ 1995 年平均增长率。

策驱使的廉价"出售转让"为贪污腐败、行贿受贿、"上层建筑"与"经济基础"进行利益交换、官商勾结、官官勾结、商商非法勾结都创造了一定机遇、条件和驱动力。第九，从社会生产关系变化和结果上看，"出售转让"加速不同利益集团的产生，如下岗失业群体，自谋生路群体，从"主人"转为"雇佣劳动力"群体，新企业业主群体，由新业主和政府中一部分人结合产生的官僚资本群体，等等。第十，这种"一夜之间"经济与社会效应激励更多的人利用各种条件、机遇和"资本"来实现带有封建色彩的"市场经济效益"，并对其他社会文化、行为准则、价值观产生影响，一些封建意识、封建文化、封建社会价值观和行为准则也死灰复燃。

三　"国退民进"的历史反证法分析

上述 10 个方面的分析为经济政策科学性检验提供了"实证"依据，也为运用决策科学中的假设预测、衡量和对比方法（Liberatore & Nydick，1998；Fuguitt & Wilcox，1999）检验政策科学性提供了条件。"出售转让"和"维持现状"——选择区间的两个极限端点，和其间其他选择，都可以从"投入与产出"的经济与整体社会的效益、结果来做比较。假设 1：采取"维持现状"政策，但条件是政府真正放手让国有企业"市场化运作"并依法让享有"所有权"的所有职工决定发展、生存方式，结果这个企业发展既可能成功也可能倒闭。假设 2：政府拿出国有企业几十年为国家积累的各种有形无形资本、资产来帮助改善其效益低下、管理落后的现状（这与公平、正义价值观不相违背，西方资本主义国家也曾采取措施扶持濒临倒闭企业），结果可能是发展成功或破产倒闭。假设 3：既然"出售转让"过程中政府通常使用行政手段，即"指定"要被出售的国企，"挑选"实行收购的民营企业或团体、个人，那么也可以使用相同行政手段"指定"任何一家国企来进

行这种收购并允许对被收购国企实行"下岗"，而且国家也对其进行了
下岗补贴。结果可能是发展成功或破产倒闭。这三种政策、六种结果都
可以与上述"出售转让"的结果相比。即使"出售转让"的政策和结
果比上述三种政策、六种结果对中国经济发展本身产生了重大积极效应
（实际上并未发生，见表 3 - 2），上述 10 个方面分析中所证实的社会
"成本"和"代价"如果不是在决策过程中就已有所预料，政策科学性
依然存在问题。而在科学性程度较低政策下所形成的发展模式的优化性
也就堪忧了。表 3 - 2 用简单矩阵说明，从决策科学角度看"国退民
进"并非最佳选择。基于上述经济效益/后果和社会效益/后果对比，
"出售转让"策略是"被占优"策略（Dominated Strategy）。按照博弈
论理论，"被占优"策略应该避免，然而，由于受近因效应和光环效应
的影响，决策过程没有系统假设、预测、分析上述 10 个方面结果，从
而导致非优化选择（Non-Optimum Choice）。

表 3 - 2　国企改革的"国进民退"政策选择与其他政策选择的对比

国企改革 策略选择	成功		失败		与"出售转让" 策略比较
	经济效益	社会效益	经济后果	社会后果	
假设选择 1	+1	+1	0	0	(4,1)
假设选择 2	+1	+1	0	0	(4,1)
假设选择 3	+1	+1	0	0	(4,1)
"出售转让"	-1	-1	0	-1	(0,0)

注：1. 鉴于国企"出售转让"后，即使经营"成功"也并未在国民经济总产值、GDP 上有明
显效应，更不用说国家为安置下岗、失业所付成本，为由此产生的社会问题所付出的成本。因而
我们把其经济效益设为 -1。其社会效益设为 -1（因为国有资产流失、少数人暴富、上层建筑与
经济基础的利益交换，另一方面是由于劳动者失去经济保障使国家同时支付各种直接和间接成本，
并且在生产关系上加剧两极分化和贫富差距，促使产生多个利益对抗集团）。既然其社会效益设
为 -1，其社会后果显然不会大于 -1，但我们设为最大可能值 -1。

2. 采用其他三种策略国企经营失败后的经济后果最差不过是如私人企业一样破产清算，所以
我们把失败的经济后果全部设为 0。由于假设 1，2，3 失败不会产生官商勾结、官官勾结、商商非
法勾结、贪污腐败、行贿受贿、下岗失业、雇佣关系问题，所以其社会后果也全部设为 0。

3. 最后一列中数对（4，1）表示成功/失败后前面假设选择下经济社会效益/后果之和与"出售
转让"经济社会效益/后果之和的差；（0，0）是把"出售转让"成功/失败后经济社会效益/后
果之和与其自身做对比。

如果没有实行"国退民进"的决策，则上述 10 个方面的问题可以得到避免，经济发展模式的优化性程度降低可以得到避免。更应该引起重视的是，一个国家的决策者如果在一个重大问题的决策上做出了科学决策，那么，在这个决策过程中，科学机制可以确立，科学的精神可以得到鼓励，从而帮助其他重大决策的科学化。这正如蘑菇通常会长在一起一样。反之，如果重大决策出现重大的科学性问题，那么，偶然中存在必然，也如蘑菇通常会长在一起一样，错误的决策会重演，这样，经济发展模式的优化性程度降低就会加速发生。

第二节　经济发展要素属性实现程度的变化

这里，我们以雇佣－劳资关系对劳动力社会属性的影响为例加以分析。无疑，当雇佣关系发展成中国社会的普遍劳动关系后，资本的社会属性必然发生变化，而深受资本影响的技术的社会属性也会发生变化。因此，对于分析经济发展模式的目的而言，这三者之间的共线性极强。

雇佣和劳资关系的出现，尤其是中国今天雇佣劳动力的特殊性，对劳动力社会属性（参见第一章分析）的实现产生巨大影响，从而成为经济发展能否促进经济发展模式优化性的一个关键因素。从理论上讲，对人与人之间的社会关系来说，马克思认为生产资料公有制基础上的生产关系先进、优越于市场经济下私有制基础上的生产关系。当前在向市场经济转型时，中国由于"社会主义初级阶段"、生产力低下因此单靠公有制生产关系不利于生产力发展，所以多种所有制并存。生产关系是否"过于"先进这个理论问题不是本章的研究对象，但雇佣－劳资关系本身在中国经济体制中的出现，由于以下原因，对经济发展与经济发展模式优化性关系产生影响。

一 雇佣关系和劳资关系的特殊性

中国雇佣劳动力的出现与任何西方国家都不相同。首先是形成过程不同。它在中国的出现与少数"无产者"迅速实现超常资本积累和/或迅速占有生产资料的现象同步，与"国退民进"政策同步，与农村改革后剩余劳动力出现同步。其次是成分不同。雇佣劳动力包括过去在社会主义公有制下属于"最广大人民群众"范畴的工人、农民和各领域成员，即昨天的生产资料"占有者"（失去其所有权和积累起来的各种可交换价值并非市场竞争结果）。最后是价值观不同。中国劳资双方中的"劳"方价值观必须与经济体制所体现的价值观相一致（也就是说，它对经济制度所体现的生产关系无论是在意识形态上、思想上还是在行为上都拥护、接受、支持），这个劳动力在经济增长要素中才能够成为"经济发展"的积极因素而非消极因素。因此，从中国雇佣劳动力这一方面讲，价值观越接近"市场经济"所体现的价值观，经济发展越能促进经济发展模式优化性程度的提高，反之则不然。这一点与西方雇佣劳动力的差别不言而喻。从社会行为学和心理学角度讲，中国的特殊性还表现在，这部分人群昨天还是"国家主人"、"生产资料占有者"、具有较市场经济雇佣关系更为强烈的"平等""公平"意识，而今天"转型"为"雇佣劳动力"并且其自身经济地位、保障以及原来由此产生的政治和社会地位得到改变。[①] 所以，他们原有价值观与向市场经济转型过程中许多经济行为所体现的价值观不能完全统一。这个"不统一"结果在行为上的表现分为几种：①完全理解、接受"下岗、待业或离开农村出去打工是社会主义初级阶段经济转型需要"，并尽量在被雇佣

---

① 这里不是指人大或政协代表比例，而是指每天经济活动中与资方发生各种政治、经济和社会关系的雇佣者。

过程中积极参加生产活动，实现"人生价值"（参见第二章对劳动力社会属性的分析）；②不理解、不接受现状或市场经济价值观或上述经济行为所体现的价值观，但行为上无可奈何，对许多现实不满但也只有时间/空间考虑生存问题；③不理解、不接受现状和市场经济价值观，行为上表现出抵触和对抗。无疑，第②、③类人群越多，对经济发展模式优化性程度产生的影响就越大。

二　资方与社会主义价值观和行为趋向

从劳资双方的"资"方看，他们理解、接受、支持向市场经济转型不成问题。但其意识形态、价值观、行为准则、管理方式、操作模式等越是偏向"中国特色的社会主义"和"社会主义的初级阶段"中的"社会主义"（如社会主义人权、人道、人性、人本和人人平等；不仅具有现代市场经济机制下的管理技能、知识，同时又不为利润、价值增长而唯利是图、压榨剥削，等等），越偏向"中国化的马克思主义"中的"马克思主义"时（即反对资本主义剩余价值剥削、反对劳动力商品化、反对对人性和人权的剥夺等，更不用说带有封建色彩的贪污腐败、行贿受贿、官商勾结、官官勾结、商商非法勾结和利益交换等），越有利于劳动力社会属性的实现，反之则不然。

三　资方与资本主义价值观和行为趋向

还是从"资"方看，当雇主从昨天的一无所有的"无产者"突然变成掌握众多人群经济命运、生存质量、人生机遇、价值实现以及相应产生、形成的这些人的社会、政治命运的一个社会利益集团时，他们的意识形态、价值观、行为准则、管理方式、操作模式等越是偏向现代资本主义市场经济而不是原始或大机器工业资本主义市场经济所表现出来的雇佣关系、劳资关系和行为特征，或不是封建私有制下的雇佣关系、社会关系特征，越有利于劳动力社会属性的实现，反之则不然。这是资本主义发展历史阶段已经证明的趋向。[①] 我们用一个博弈的支付矩阵（见表 3-3）来表示上述三个方面的论述。从中不难发现，只有（A1，SB∪CBM）这一组合才能使经济发展模式优化性达到最大值。[②]

表 3-3　劳方行为、资方行为对经济发展模式优化性的影响（假设其他情况不变）

		资方行为					
		SB∪CBP	SB∪CBI	SB∪CBM	NSB∪CBP	NSB∪CBI	NSB∪CBM
劳方行为	A1	＋ ＋ －	＋ ＋ －	＋ ＋ －	＋ － －	＋ － －	＋ － ＋
	A2	0 ＋ －	0 ＋ －	0 ＋ ＋	0 － ＋	0 － ＋	0 － ＋
	A3	－ ＋ －	－ ＋ －	－ ＋ ＋	－ － ＋	－ － ＋	－ － ＋

注：1. 雇佣劳动力的三种态度"理解并接受、不理解但无可奈何、不理解也不接受"分别用 A1、A2、A3 来表示。资方对于社会主义的偏向和偏离用 SB 和 NSB 来表示，资方对于原始资本主义、大工业资本主义和现代资本主义的偏向分别用 CBP、CBI、CBM 来表示。并集运算符号∪表示同时满足两个条件。

2. ＋号表示促进经济发展模式优化性，－号表示不利于经济发展模式优化性，0 表示对经济发展模式优化性不产生影响。每个单元格中第一个符号表示劳方行为对发展模式的影响，第二个符号表示资方的社会主义偏向对经济发展模式优化性的影响，第三个符号表示资方的资本主义倾向对经济发展模式优化性的影响。

四　劳资权力平衡

在中国经济改革时期，雇主的经济、政治、社会权力不仅来自对生产资料和劳动力的占有与支配权以及法律保障，而且有些可以利用"超常价值实现"的利润中一部分来贿赂"上层建筑"从而使自己利益得到代表和保护，使自己非法或不非法但非人性、不公平、不平等的经济行为受到保护。比如，一些雇主由于受到原始"市场经济"规律和

[①] 对于向市场经济转型时期的中国资方来讲，他们的意识形态、价值观、行为准则、管理方式、操作模式是偏向社会主义还是现代资本主义更有利于劳动力社会属性的实现不是本章研究的对象。

[②] 假设不同因素对经济发展模式优化性的影响是相互独立的。

价值观影响，或没有专业知识区分原始资本主义市场经济和现代资本主义市场经济，或将前者误认为后者，或将其误认为社会主义市场经济，所以当农民工劳动的安全设施成本，或工资待遇成本，或医疗保险成本，或工伤事故成本，或社会保障成本等高于对某个政府部门/官员"好处"成本时，或当技术或安全设备成本高于延长工时成本或加大体力支出成本时（参见第二章经济发展三要素的社会属性分析），就都存在选择后者的可能性。而且一旦事故或不幸发生不得不进行法律赔偿时，如果成本依然低于上述各种成本，资方依然可能选择后者（成本差异越大，冒险、侥幸心理就越强）。毕竟农民工自身一般没有时间、财力和必要知识等来诉诸法律。西方的惩罚力度通常是违规者不顾人命、人性、人道、人权、人本而节省的全部成本的几十倍、上百倍（至于西方社会为什么制定这种法令、法院为什么这样判绝不是本章研究的对象）。对这种生产资料占有者的由经济优势转化而来的政治、法律、文化与社会优势，马克思早有阐述，而且无论是美国还是欧洲的资本主义，无论是俄国、东欧的体制改变还是中国的经济改革，都用大量实证案例反复论证了马克思这一理论的科学性。在上述情况下，农民工（或任何一个雇佣劳动力群体）一方如果没有自身利益的直接保护集团、组织或方式①，就会形成权力不平衡并导致利益不平衡，冲突就会在局部、微观层面上大量、反复产生。在这种状态下的经济发展不会促进经济发展模式优化性程度的提高，普遍性矛盾和冲突反而会被总产值、GDP 增长所掩盖，直到这些矛盾、冲突和问题不断发生、影响极

---

① 从西方所有市场经济的经验看，也从经济学、社会学、组织行为学、法律学、公共管理学角度看，对于解决劳资－雇佣关系微观层面上的问题只依靠政府和法律是不够的。比如，一个公司职员和老板在某一问题上发生冲突后，求助于政府和法律比求助于工会往往有更高交易成本。因此，一个现代市场经济以较为完善的工会制度为特征，工会可以直接、有效维护劳动阶层的利益，而政府和法律介入这种日常冲突从各方面看可能性较低。

大、由单个行为转化为社会行为、引起公愤而不得不由社会最高权力机构来制定法律或政策加以纠正时（尤其是当这种"纠正"带有机械社会论方法色彩时），经济发展模式优化性已经受到损害。同时，现代资本主义或社会主义市场经济下的利益集团之间的矛盾与冲突的解决以及"和谐相处"的实现单靠身心合一、洁身自好、涵养修行和加强传统文化教育是不够的（雇佣矛盾冲突常常不是涵养、心理平衡、洁身自好问题）。[①] 因此，无论是机械论方法还是恢复传统文化方法都不能从根本上解决现代市场经济下的劳资权力平衡。只有理性的、组织起来的利益集团之间产生的权力均衡才能达到公平、合理、平等、正义基础之上的利益平衡以及因此产生的经济发展模式优化性（Mannheim，1936；Parsons，1969）。

上述分析表明，以中国经济转型期间的雇佣和劳资关系的特殊性（SLR）作为条件因素，使劳动力社会属性（LS）的实现受制于资方与社会主义价值观和行为趋向（BoS）、资方与资本主义价值观和行为趋向（BoC）、劳资权力平衡（LCB），结果产生的影响公式为：

$$LS = LS(BoS, BoC, LCB \mid SLR) \tag{3.1}$$

公式（3.1）反映劳动力社会属性受到四个因素的影响，但这些因素不包含劳方某些特征，如不掌握舆论工具、缺少可支配的经济资源、在法律保护条件上处于劣势（尽管"法律面前人人平等"）、在经济社会中属于"弱势群体"等。劳动力的社会属性的实现并不决定于劳方自己，而是决定于资方和政府。在公式（3.1）中，雇佣关系和劳资关系的特殊性来源于中国近现代史的特殊性，因而除具有条件性意义之外，其余三种因素在经济发展过程中都可能产生不利于劳动力社会属性

---

① 参见 Emile Durkheim（1997［1893］）。对中国传统文化不利于经济发展模式优化性的分析参见龙斧等（2007b）。

实现的变化。根据第二章中的公式（2.1），这将使经济发展模式优化
性程度降低。

第三节　社会主导价值观变化对经济行为的影响

第二章分析了1949～1980年阶段"经济发展与社会主导价值观一
致性"，表明一致性程度影响经济发展模式优化性，比如与社会主导价
值观不相符合的经济行为与政策，尽管能够增加社会总产值，但将影响
经济发展模式优化性。1949～1980年阶段的经济行为较为单一，主要
是农村中农民的行为、企业中工人的行为，以及社会其他运作领域中的
人的行为。而改革开放以来，这些行为呈多元化发展状态，对经济发展
模式不能不产生影响。

一　经济行为类型

为检验经济行为与价值观的一致性，也为进行不同历史阶段的对比
分析，本章对经济改革中的"致富"经济行为做类型划分。

A类型：从上述"经济行为链"看，这一类型依靠知识、勤劳、
智慧、才能而且公平、合理、合法地创造价值，从未凭借任何不法行为
或不合理关系（包括任何利益交换、权钱交易和上述提到的上层建筑
与经济基础的"资本交换"行为）来积累"资本"、"创造"价值。尽
管从请客送礼到公开行贿、受贿之间的行为区间来决定合法与否、合理
与否、公平与否、平等与否或正义与否并非易事，但A类型未有过任
何类似上述行为。从价值观上讲，这种经济行为与社会原有主导价值观
基本一致。从致富合理性上看，A类型的致富速度和程度有"三个匹
配"：首先与改革开放前为社会做贡献时所表现出来的知识、才能、奉
献精神、努力程度相匹配，其次与"中国是人口众多、人均产值低下、

生活水平不高的发展中国家"之现状相匹配，最后与"中国是由几代人几十年艰苦积累而打下改革开放基础的国家"等现状相匹配，而不是以"超西方"速度和程度致富。从致富后行为看，他们依然表现出为社会服务、为消费者服务、为社区服务、为职工服务、为环保服务，在经济领域里为促进社会平等、公平服务这些与原有社会价值观相一致的行为特征。我们假设这是邓小平"允许少数人先富起来"所指的类型，是中国特色的社会主义、社会主义初级阶段、马克思主义中国化、"三个代表"重要思想在经济学领域里的具体内涵之一。

B类型：行为包括利用"双轨制"、"议价制"、计划外额度、投机取巧等手段获得原始资本，或利用权钱交易、行贿受贿获得原始资本，或利用官商勾结、官官勾结、商商非法勾结（如利用权力、地位、影响和/或特殊政策所产生的条件、机遇等）获得原始资本，或利用经济政策并通过利益交换占有原来社会公共生产资料与资产实现原始资本价值，或利用与银行、原材料供应商、流通渠道等领域的各种社会关系获得并实现原始资本价值，或利用政策上的"时间差"和"内部信息"等条件获得原始资本并实现价值，或利用带有封建色彩的裙带关系获得原始资本，或上述行为兼而有之从而获得原始资本，并随后继续依靠对国家自然资源、高利润行业的"资本优势"以及对廉价劳动力的可持续的"剩余价值实现"继续"致富"。简言之，这种价值的创造基于经济行为链中的权力、职务、地位、金钱、物质或非物质利益的各种方式的交换。从价值观上讲，这种经济行为与社会主导价值观完全不相符合。从致富合理性上看，这一类型人群以"超西方"速度和程度致富，并且在价值观和行为上，在资本的积累循环、增长过程中带有"原始资本主义"和/或封建色彩和/或"封建官僚资本主义"色彩。

C类型：获得原始资本的经济行为具有A、B两种类型的特征。这类行为的人群本来是诚实、勤恳并且不反对"公平竞争""机遇和条件平等"，但在经济行为过程中或被"逼"无奈或受 B 类型超常成功的感染和影响，在经济行为链的某一环节遵循"潜规则"。当然，从主导价值观而言，他们本来不会、不懂或不赞成"潜规则"但"实践是检验真理的唯一标准"使他们也有意无意、自觉不自觉地使用"潜规则"或任何能够"打开局面"的手段。从致富合理性上看，他们既有"正常价值实现"，又有"超常价值实现"，在价值观和行为一致性上也会表现双重性。

D 类型：主要存在于上层建筑领域。这类行为的人群主要是在政府、军队、教育、医疗卫生、社会文化或各种事业团体和所有非直接从事经济生产领域中掌有权力或资源的人。① 他们与 B 或 C 类型某一种经济行为结合，虽然自己不直接获取原始资本或占有生产资料（如收购国有、集体企业并占有雇佣劳动力），但利用权力、地位、影响和各种国家/社会资源作为"资本"进行交换并通过"社会宗族圈"（如亲属、子女、朋友、秘书、下级或同僚等）达到获取原始资本和/或占有生产资料和/或股份，既有非法也有大量"合法"行为。他们表面可以是廉洁奉公、勤勤恳恳、积极执行国家经济政策并继续得到提拔使用，也确实履行过社会职责甚至做过有益工作。但他们身边知晓"潜规则"的"宗族圈"相对社会一般人群具有更高"成功"几率并享有更多"仕途"机遇（丝毫不用从事任何违法行为）。所以他们这种行为准则和"成果"的影响将在社会中以几何增长速度传播开来。所以此类型行为将持续不断地产生和存在下去。从致富合理性看具有"超常价值实现"，许多行为虽不违反任何法律，但给社会和经济发展造成"双重成本代价"（见第二节分析）。从价值观上看，这类行为具有两面派性质。

---

① 这种"掌有一定权力的人"可以下到科员、乡长上到中央政治局委员、省长、部长。

E 类型：成员与 D 类型一样，但经济行为并不直接带来"原始资本"的积累或对生产资料和雇佣劳动力的占有，却通过非市场经济的"价值交换"获得巨大经济利益和财富。他们对经济发展的各种有形和无形资源、资本、资产以及资金、机遇、信息、条件、平台、风险度、效率、效益都握有这样或那样的权力。比如，政府支持或投资的项目、政府为发展经济而制定的特别、特殊政策都可能为一部分人创造低风险、高回报的经济效益，而这个效益从西方经济学理论上讲并不是现代资本主义市场经济行为。从价值观上和致富合理性上看，他们与 C、D 类型相似。

如果用 BVC 表示经济行为与社会主导价值观一致性程度，用 Cu 和 RR 表示积累手段和致富合理性，用 D 表示经济发展，根据以上分析，我们可推出发展模式优化程度关系公式：

$$BVC = BVC(Cu, RR) \tag{3.2}$$

$$M = M(BVC \mid D) \tag{3.3}$$

$$\frac{\partial M}{\partial BVC} < 0 \tag{3.4}$$

公式（3.2）表明，经济行为与主导价值观的一致性是积累手段和致富合理性的函数。公式（3.3）和（3.4）说明，如果积累手段和致富合理性的组合造成了 BVC 比较低，那么较低的 BVC 就会使得经济发展过程中经济发展模式优化性程度降低。

二 经济行为与价值观一致性的比较

上述行为类型可以 1949～1980 年阶段加以实证比较。

A 类型：在 1981 年以前基本不存在，因为当时不存在私人、个体的"资本积累、再投入"从而创造"利润增长"和"财富积累"。当时在经济待遇上有差别（与今天不仅有巨大数量差别而且本质也不同），但它与社会主导价值观相一致并为民众接受和理解。① 因此，为了比较，我们把 1949~1980 年期间政府、事业、企业、团体和所有领域中掌有一定权力的人群（如政府官员、专家、知识分子、文学艺术家、企业管理人员等）的行为（如廉洁奉公、兢兢业业、毫不利己、专门利人、鞠躬尽瘁、死而后已，全心全意把经济发展与"最广大人民群众利益"、国家利益和民族利益最紧密结合起来等）也相对定义为 A 类型"经济行为"。比较 1949~1980 年和 1980~2012 年这两个时期，哪个时期 A 类行为相对人口比例越大，对经济发展模式优化性的促进作用就越大。

B、D 类型：这两类在 1949~1980 年期间也不存在，贪腐不是社会性行为，且性质与今天不同——贪污再多、权力再大也无法进行资本积累，也无法将一寸土地、一台机器变为私人生产资料，也无法雇用一个人来实现剩余价值。而 1981 年后，B、D 类型经济行为以资本积累、生产资料和雇佣劳动力占有以及剩余价值实现为特征，从而产生以经济与经济或经济与权力联姻为基础的利益集团，任何不公平、不平等行为都会引发社会矛盾和冲突。而且当这类行为在恢恢法网下"疏而有漏"时，人们就会效仿，使之成为社会性行为，尤其是那些并不触犯法律但不公平的行为。在这种条件下，当经济越是发展，这类经济行为就越多（效仿结果），与社会价值观差距就越大。

C 类型：1949~1980 年期间也不存在。行为偏向 A 类型越多，当经济越发展，与主导价值观一致性就加强；而偏向 B 类型越多，就越会产生以经济或经济与权力联姻为基础的利益集团，就越会引发社会矛

---

① 马克思主义从来没有宣扬"绝对平均主义"，而是一方面人人都有工作机会、没有以资本和生产资料为基础的"剩余价值"剥削，另一方面"能者多劳、按劳取酬"。所以，民众对创建共和国的一代人、政府或企业管理人员、科学家、艺术家、教授、学者、工程师、医生的工资收入基本理解，而且这种差距（如八级工差距）不会产生以经济或权力为基础的社会利益集团，也不会引起社会怨言，制造社会矛盾，引起社会冲突。

盾和冲突。同样，当偏向 B 类行为在恢恢法网下"疏而有漏"时，人们就会效仿，使之成为社会性经济行为。此时经济越发展，偏向 B 类型的行为就越多，与价值观差距就越大。

E 类型：1949～1980 年期间少量存在，但数量与程度无法与 1980～2012 年相比，性质也不完全一样（见 E 类型分析）。与 B、D 类型一样，经济越是发展，其行为就越可能引起社会怨言，制造社会矛盾，导致社会冲突，产生利益集团及之间的纷争。"效仿"作用也同样存在。

上述分析表明，经济发展本身并不决定经济发展模式优化性，而经济发展与不发展条件下，含有特别性质的人群经济行为、结果与社会价值观的一致性以及最终产生的综合社会效应，对经济发展模式优化性程度具有影响。不妨用 B_A，B_B，B_C，B_D，B_E 分别表示五种类型的经济行为和结果与社会主导价值观的一致性程度。根据上述分析，仅从经济行为与价值观一致性对经济发展模式优化性影响的角度（即用控制实验原理），经济发展模式优化性取决于这五个变量，即存在如下函数：$M = M（B_A，B_B，B_C，B_D，B_E）$，而且，我们假设 $M_1 > 0$，$M_i < 0$，$i = 2，3，4，5$（偏导假设）。将这个函数和相关假设用于分析 1949～1980 年和 1980～2012 年两个时期的经济发展模式优化性，由于前一时期中国社会中 B_B，B_C，B_D，$B_E = 0$，而后一时期 B_B，B_C，B_D，$B_E > 0$，1980～2012 年阶段只有当 A 类型行为从数量上和影响程度上远远超过 1949～1980 年时期的 A 类型，大到足以抵消后面四种行为产生的影响，两个时期经济发展模式优化性才能达到相同的水平。我们可以用公式来对此结论加以实验性验证（控制实验的研究方法不是全面对比两个时期发展模式优化程度的影响因素，仅仅是检验经济行为与价值观一致性这一个因素的影响、作用和结果；这个公式也适应延安时期的经济发展与经济发展模式优化性关系的解释）。

根据泰勒展开（Taylor's Expansion）定理，我们可以写出以下公式：

$$M(B_A, B_B, B_C, B_D, B_E) = \alpha + M_1 B_A + M_2 B_B + M_3 B_C + M_4 B_D + M_5 B_E \qquad (3.5)$$

其中 α 为一个常数。将 1949~1980 年和 1980~2012 年两个时期经济行为的数值代入上式，则 $M_{1980~2012} = \alpha + M_1 B_A + M_2 B_B + M_3 B_C + M_4 B_D + M_5 B_E$，$M_{1949~1980} = \alpha + M_1 B'_A$（我们假设在这两个时期，经济行为对经济发展模式优化性的影响是稳定的，即 α，M_i（$i = 1, \cdots, 5$）在两个时期是稳定不变的），因此 $M_{1980~2012} - M_{1949~1980} = M_1 (B_A - B'_A) + M_2 B_B + M_3 B_C + M_4 B_D + M_5 B_E$。为了使该式为 0，我们有：$B_A = B'_A - (M_2 B_B + M_3 B_C + M_4 B_D + M_5 B_E)/M_1$。根据实际情况，我们不妨设想 $-M_1 \approx M_2 \approx M_3 \approx M_4 \approx M_5$，于是 $B_A = B'_A + B_B + B_C + B_D + B_E$。所以，$B_A \gg B'_A$，而且，$B_B$，$B_C$，$B_D$，$B_E$ 越大，即 1980~2012 年时期与社会主导价值观不一致的行为越多，为了使它与 1949~1980 年时期达到同样的优化性程度，就要求这个时期的 A 类行为越多，即 B_A 越大于 B'_A。

第四节　政府功能定位、行为特征、运行效率效益的中介影响

在第一章所设定的研究框架中，我们把经济政策作为影响发展模式的四大变量之一。在这一章中，似乎经济政策这一变量就显得不够充分。在这一时期，经济政策在很多文献中只是指财政政策和货币政策，

从实证研究角度看，这一时期政府功能定位、行为特征和运行效益与上述四个影响因素都分别发生关系，影响它们的作用效力与方向，成为不可忽视的次级影响因素。鉴于此，本节仅从它与上述四个因素的关系上检验这个"普遍性中介变量"的作用。

一 政府功能定位/行为特征与经济政策

首先，市场经济体制下的经济运行有各种状态——发展、增长、迟缓、停滞、恶化、危机并伴有相应问题，而在这些不同状态下制定相应政策起指导、辅助、调节和改善作用只是政府功能之一。其次，对上述各种经济与社会问题，许多既不是市场经济规律自身就可以解决的，也不是靠经济复苏或持续发展就能自然消失的（否则美国"新政"就是对市场经济的非科学性干预和政府功能的错位）。这是另一政府功能定位所在。最后，解决影响社会生产关系的经济与非经济问题，或解决与社会价值观相关的问题（如平等、公平、合理、人权、人性、人道等），或解决社会生产关系中各种矛盾、冲突，也是政府功能重要环节，如美国政府 11246 号、11379 号等法令就带有通过改变市场经济领域现状来改善社会生产关系之意图。① 而由社会主义公有制向市场经济的转型更为复杂，政府功能定位直接影响其经济政策是改善、促进社会生产关系还是反之（促进生产力发展的政策可以改善社会生产关系，也可以反之。这是已由人类历史反复证明了的命题）。比如，政府所代表的"最广大人民群众"是否包括本身就有利益冲突的"有产阶层"和"无产阶层"？哪些社会集团、阶层不包括在"最广大人民群众"的范围？而与此相关的经济政策是其功能定位的重要体现，也直接检验其政策是否或在多大程度上受到"近因效应""光环效应""矫枉必须过正"的影响（龙斧、王今朝，2011）。

---

① 无论是美国还是西欧的现代资本主义经济学理论与实践，无论是凯恩斯主义还是北欧的福利社会理论与实践，都表明经济发展本身所带来的许多问题不是依靠"增长"本身和/或市场经济自身规律或其"完善"就能解决的。纵观西方现代历史，无论其学术理论界具有多少流派，没有一个国家的政府不把此作为主要功能之一，或不通过制定经济、社会政策来影响、改善社会生产关系。

二　功能定位/行为特征与雇佣和劳资关系经济行为

如果政府的功能定位和行为特征一方面在理论上基于社会主义（尽管"中国特色"或"初级阶段"）和马克思主义（尽管"中国化"），而另一方面在社会实践中和具体经济政策中表现为单一的"一切工作以经济发展为中心"，其行为以 GDP 增长、经济效益、利润大小为唯一目的和衡量标准[①]，这个理论与实践的不一致性必然为经济行为与社会主导价值观的不一致性提供条件，为出现社会资产不公平再分配、"私人资本"不合理积累和因此产生的剩余价值剥削提供条件，为产生贫富差距、两极分化、超西方程度/速度致富的可能性提供条件（参见经济行为合理性、公平性、正义性衡量中的致富合理性参照因素）[②]，那么，雇佣和劳资关系中的矛盾与冲突不可避免，即使亚当·斯密和西方保守经济学理论也不否定这一点。只有双方在微观层面上的各种社会和经济权利平等的条件下才有"公平、正义"解决矛盾、冲突的可能，然而这在市场经济生产资料私有制下难以做到，否则马克思主义从一开始就把本来"平等"的关系说成"不平等"从而成为一个"荒谬"的理论，否则今天应该对西方市场经济体制下劳方的工会和团体提出质疑——既然劳资双方的经济、政治、社会权利已经平等为什么劳方还要组织起来、媒体还要"关照"劳方从而让资方成为"弱势团体"？中国是社会主义国家，它的每级政府、每个部门、每项功能、每个官员以及他们的每一个时间/空间行为都

---

① 实际上，GDP、经济发展、效益对社会发展而言只是手段而非目的。

② 这里不是强调绝对平均主义，因为中国历史上，由于资历（如为建立新中国流血牺牲并且几十年都没有工资的一代人）、奉献（如志愿军战士或成边军人或劳动模范）、能力和知识（如专家、厂长）或专业技能（如艺术家、冠军）等而收入高、相对"先富起来"，中国民众不仅接受而且拥护。因为在过去的"八级工"制度下，一级工并没有认为与八级工是贫富差距或者两极分化，而是能者多劳、按劳取酬。

应该"代表最广大人民群众利益"，各级政府的功能定位与行为特征就更加成为影响这种权利平等、平衡的根本因素；在存在权利不平等的劳资和雇佣关系中，无论是宏观（如解雇、工资待遇、工作条件、安全设施、福利保障、人权/人性和社会/政治权利平等）还是微观层面的矛盾与冲突能否解决（如某一个企业劳资双方或一个业主与一个雇员之间的日常经济/社会关系），无论是剥削压迫是否存在还是不公平、不平等、不合理现象能否解决，就都与各级各地区政府功能定位、行为特征直接相关，就都成为各级、各地区政府功能定位、行为特征的根本检验标准，否则"代表最广大人民群众利益"就成了一句空话。

三　功能定位/行为特征/运行效益与社会问题

经济发展时期社会问题的产生、种类和数量与政府具有双重关系。一是各种经济与社会政策是否为这些社会问题的产生在客观上创造了条件和机遇，尽管这些问题（包括本章所分析的问题和其他间接产生的问题）并非政策初衷。这与政府的功能定位、行为特征有直接关系。二是现象产生后并在发展成为社会问题之前后是否能够得到有效解决，这与政府的运行效益又有直接关系。政府在市场经济体制下解决各类问题的效率、效益直接影响经济发展模式优化性程度，而一个社会主义国家在向市场经济转型时对政府的要求就更高。尽管每个社会由于体制和制度的不同，对这个效率、效益的衡量标准也不尽相同，但以下几点可以视为带有普遍性的最起码衡量标准，无所谓体制相同与否。①

---

① 这里指在资本主义的或社会主义的市场经济下的政府官员解决各类由市场经济发展所引发的各类问题。

首先，政府功能定位和运行效益不应仅用总产值、GDP 来衡量，它们只是社会经济领域中一个方面的一个衡量标准而已。① 比如，1927~1937 年就是一个总产值、GDP 增长时期。再比如，中国目前 GDP 为世界第四位，但就人均产值而言，仅为第 128 位（2005 年）。再考虑到人均工资不可能高于人均产值，再考虑到两极分化和贫富差距指数这一因素（基尼系数越大，平均工资代表人们生活水平的准确性就越低）②，再考虑到教育、医疗、住房等基本生活消费指数的上升，再考虑到通货膨胀、价格上升等因素，再考虑到上述分析的社会问题所带来的总产值、GDP 的直接/间接、公开/隐形成本消耗，实际人均工资增长并不一定与经济繁荣同步。其次，西方市场经济体制下各级政府在检验其功能和效益时（无论是自身检验还是反对党检验，无论是民众检验还是舆论界检验，无论是对类似形象工程、轰动效应的检验还是法律对其后果的惩罚）无法用 GDP 和总产值来佐证，而是集中于该区域家庭和个人所面临各种具体问题的解决，例如交通、住房、医疗、教育、福利、失业率、公共服务设施、环保等政府功能领域。正是因为无论经济发展还是迟缓停滞都会有各种问题产生和存在，对各级政府运行效益的检验衡量就只能基于它们解决市场经济体制所产生、导致或引起的各种社会问题、矛盾和冲突的效率与效益。相比之下，社会主义国家的社会福利、公益事业、社会保障和经济发展所创造的价值、财富的平等、公平再分配等，更是政府功能、政策、官员、职能部门所应该体现其效率、效益、专业知识、职业技能、科学发展观和解决问题能力之处。GDP 增加与上述经济发展过程中产生的社会问题的解决相比，后者不仅更能

---

① 如果政府功能定位和运行效益仅用总产值、GDP 增长来衡量，那么资本主义市场经济下的美国奴隶制时期的政府都是成功、优秀政府了。

② 而且，平均工资与社会福利没有直接关系。在学术界，学者们衡量时寻求其他指标，而不采用平均工资。例如，美国哲学家罗尔斯（J. B. Rawls）"最大化最小"的主张只关心社会最贫困人口福利，与平均水平完全无关。

够检验政府功能定位和运行效益，而且也是广大人民群众的根本利益所在（比如，某个地区社会问题相对增加还是减少，如犯罪、交通、住房、医疗、教育、贫富差别、两极分化、社会平等和公平、贪污腐败等问题上升还是下降）（当然这种衡量不是由官员自己来进行的）。而且，当经济发展时，对上述问题的解决不仅是政府运行效益的主要衡量标准，而且衡量标准也应该比经济停滞时期更高，因为政府此时拥有更多的资源和手段。

上述四个方面的分析表明，无论是经济政策的科学性还是经济行为（如本章分析中的 B、C、D 类）与主导价值观的一致性，无论是雇佣、劳资关系的平等、公平与否还是与经济发展相关的社会问题的产生与解决与否，无论是利益集团冲突与否还是弱势团体的出现与否，无论是两极分化与否还是官商勾结而产生"致富"与否，无论是强势集团对某一人群的"不公平"还是某一个企业里存在经济剥削和人性欺辱与否，无论是社会福利、公益事业、社会保障问题还是剩余价值的公平分配与否，都无法不与政府的功能定位、行为特征和运行效益相关，都不能不是对每一级政府、每一个部门、每一位"公仆"的效益、能力、专业知识和职业精神的检验（就如同对一个公司管理的效率、效益检验一样）。如果我们用 F, C, E 分别表示政府功能定位、行为特征和运行效益，向量 (F, C, E) 记为 G；用 SEP, EB, LR, SP 表示经济政策的科学性、经济行为、劳资关系和雇佣关系的偏向、社会问题，则根据本节分析，就有如下向量公式及其导数函数值假设：

$$SEP = SEP(G), EB = EB(G), LR = LR(G), SP = SP(G) \qquad (3.6)$$

$$SEP'(G) > 0, EB'(G) > 0, LR'(G) < 0, P'(G) < 0 \qquad (3.7)$$

公式（3.6）说明，经济政策的科学性、经济行为、劳资和雇佣关系以及社会问题都是 G 的函数，即它们的作用力度与方向皆取决于政府功能定位、行为特征和运行效益。据此推论，我们可以确定经济发展模式优化性的不同决定因素，但是没有一个因素在作用方式、影响程度上不受到政府这一中介变量影响。公式（3.6）表示政府的功能定位、行为特征和运行效益可以促进政策科学性和经济行为与主导价值观的一致性，改善雇佣关系和劳资关系的偏向，减少社会问题的数量、种类并降低其严重性，从而在经济发展时期增进经济发展模式优化性。

第五节　结论

在第二章中，我们论证得出了如下公式：

$$M = M[S(L),S(K),S(T),PR(EP),LV,SCA\,|\,g] \qquad (3.8)$$

现在，我们可以用该公式对 1980～2012 年中国经济发展模式加以分析。在这段时期，经济政策的科学性成为一个显著变量，"近因效应"、"光环效应"和"矫枉过正"可以直接影响经济政策的科学性并因此作用于经济发展模式优化性程度（龙斧、王今朝，2011）。这段时期产生了各种各样（本章归纳为 4 种）与主导价值观不一致的经济行为。而在第二章中，我们论证了经济行为与主导价值观一致性对经济发展时期经济发展模式优化性的影响。我们由此发现，单从"一致性"看，1980～2012 年阶段只有当 A 类型行为从数量上和影响程度上远远超过 1949～1980 年时期的 A 类型，两个时期因此受到影响的经济发展模式优化性程度才能达到相同的水平。在这段时期，由于中国雇佣关系和劳资关系的特殊性，劳资权利平衡、资方价值观和行为趋向以及它们对 1949～1980 年建立起来的经济增长要素社会属性的影响成为中国经济发展模式优化性的一个重要变量。在 1980～2012 年这段时期，市场经济机制逐步引进，但防范原始/大工业时期资本主义和封建糟粕沉渣泛起的机制并没有建立，结果出现了 1949 ~ 1980 年所没有的五种社会问题。尽管还有其他社会问题对经济发展时期的经济发展模式优化性产生影响，但这五种问题由于其影响的多元化、复杂化性质，由于其所造成的多重经济与社会成本，作用不容忽视。而且正是由于这种多元化、复杂化、成本多重性性质，它们不是仅依靠"经济的可持续发展"、"市场经济的完善"和"传统文化的恢复"本身就能解决的。

根据这些分析与研究，我们可以将 1980 ~ 2012 年经济发展模式优化性的决定公式写为

$$M = M(SEP, EB, LR) \qquad (3.9)$$
$$M_1 > 0, M_2 > 0, M_3 < 0 \qquad (3.10)$$

其中，SEP，EB，LR 分别表示经济政策的科学性，经济行为、劳资关系和雇佣关系的偏向，社会问题及成本，公式（3.9）反映了它们共同决定经济发展模式优化性程度。公式（3.10）说明了经济发展模式优化性与各自变量的偏导关系：经济政策科学性越强，经济行为与社会主导价值观越一致，发展模式的优化性越强；雇佣关系中的资方价值观和行为越是偏向原始作坊/大工业资本主义或封建经济/社会关系特征，或造成可避免成本的社会问题越多，发展模式的优化性越弱。它们与公式一起，共同构成了 1980 ~ 2012 年中国经济发展模式优化性的决定公式。它们说明，经济发展与经济发展模式优化性之间没有简单线性关系。

根据公式可以推断，伴随着改革开放和市场经济机制的引入，1980 ~ 2012 年经济发展与经济发展模式优化性程度的关系直接受到本章分析的因素影响和作用。由于经济发展与经济政策、经济行为与价值观的一致性、劳资关系和社会问题"成本"在相当的区间和领域中的独立性（即它们之间，例如经济发展与经济政策之间，并没有一对一的对应关系），片面强调经济发展在一定程度上就会用经济成就掩盖发展模

式的问题。然而，也正是由于它们之间的独立性，经济的进一步发展并不会自然导致经济发展模式优化性的增进，反而会引致社会矛盾进一步积累和加深。因而，在经济发展与经济发展模式优化性之间没有正向的线性因果关系。

本章研究还发现，无论是经济政策科学性问题、经济行为问题、劳资关系和雇佣关系问题，还是社会问题，不仅其本身受政府功能定位、行为特征和运行效益的影响，其对经济发展模式优化性的影响方向、方式和力度也受到后者作用。由于后者与经济发展之间并无先验的函数关系，本章不仅揭示了经济发展与经济发展模式优化性没有简单线性关系，而且发现政府作为一个普遍性的中介变量所起的关键作用。公式表明，没有科学的政府功能定位和运行效益，就没有科学的经济决策，也为与社会主导价值观不一致的经济行为的出现，为雇佣关系中不利于经济发展模式优化性的价值观和行为的泛滥，为那些本可避免的社会问题的产生，创造了政策、体制和/或环境条件，结果不仅政府机构及其公务员的行为特征无法与发展模式优化的目标一致，而且发展模式优化自身也就无法成为一个具有主要矛盾针对性和实践指导性的社会发展理论。如果经济政策科学性很高，如果经济行为与社会主导价值观一致性很强，如果雇佣关系能少一些，如果那些具有可避免成本性质的社会问题可以减少，那么 1980～2012 年时期中国的经济发展模式是否优化性更高一些？我们的回答是肯定的。

第四章
中国 1980～2012 年时期经济发展
模式的问题

　　第三章在第二章所建立的框架的基础上对中国经济发展模式产生问题的直接原因进行了"分部门"（sectional）的剖析。这些原因本身也已表明中国经济发展模式存在问题，那么，从总体上看，中国经济发展模式这些分部门的问题具有怎样的共性呢？可以从什么角度加以深刻揭示呢？不少文献认为，中国经济发展模式是经济的粗放式发展。这种观点对于 20 世纪 80 年代早期是对的，对于 90 年代也大致正确，毕竟，当时中国社会的矛盾、问题积累并不严重，但这种观点缺乏经济学上的可操作性。进入 21 世纪，关于中国经济发展模式的根本问题，有的强调创新能力不足，有的强调消费不足，有的强调环境问题，有的强调外向性问题，有的强调产业结构，有的强调区域不平衡。中国确实存在这些方面的问题，但这些问题仅仅是现象而已，依然不具有问题的共性，依然不是经济学的专业化分析。本章从上述问题必然导致中国经济发展的可避免成本代价的角度出发，归纳总结发展模式的问题，再聚焦消费需求，分析中国发展模式中存在的结构性问题。这将为后面章节中政治经济学基本理论的探讨打下基础。应该指出，尽管本章第二节更为符合"经济学"研究传统，但它其实只是对第一节所讨论概念的实证案例而已。

第一节　经济和社会的可避免成本分类分析

首先，这里主要针对中国经济发展模式中与经济发展和经济利益直/间接相关的特性社会问题，不包括任何经济体制下都会产生的共性社会问题（如与经济利益和行为不相关的强奸、杀人等）。其次，从经济学和经济社会学看，这些问题不仅成为经济发展成本（总产值价值实现成本），而且造成多种社会发展成本（见下文），分别又包括直接成本和间接成本。因而它们从经济、社会两方面分别直接和间接影响经济发展模式优化性，在影响上表现出多元性。再次，它们不仅直接产生影响，而且引发或加剧其他社会问题来影响经济发展模式优化性，在对经济发展模式优化性影响上又表现出复杂性。最后，经济发展作为社会一个功能领域与其他功能领域具有交错、复杂、多元的回归关系。这就决定了对一个社会经济发展的成本、代价分析仅限于新古典"纯经济学"范畴就会因差之毫厘而谬之千里。这些问题的选择有利于对影响因素的实证比较研究。

A 类型：经济社会中如贪污腐败、行贿受贿、官商勾结等不仅对平等、公平基础上的经济发展模式优化性产生直接重大影响——因为这些经济发展的价值和利益本来不属于官商集团（成本 1），而且对社会价值观和行为准则产生间接影响如"模仿效应"等（成本 2）。它们既增加经济发展实际运行成本（成本 3）（这并不影响官商利益或利润，而是影响"最广大人民群众"利益），又直接造成社会运行额外成本如调查、审理、判决（成本 4）。当这种现象接二连三发生时，社会人群会对政府行为、政策和功能产生不信任感（成本 5）。[①] 当官商勾结和利益联姻伴随经济

①　一方面，社会人群会拿这些问题的出现与 1949～1980 年时期做质朴的比较。另一方面，当这种现象成为带有一定普遍性的社会问题时，不得不思考一些经济与社会政策的科学性以及政府的社会功能和行为特征，并质疑一些政策、功能和行为特征是否为这些问题的产生与蔓延创造机遇和条件。

发展并且成为社会行为时，那么经济越是发展，官商集团之间的利益扩张就越有机遇、条件、资源，它们的勾结和联姻又会由于更多的资源、资产和机遇的出现而变得更广泛、更深入、更紧密、更巧妙，上述五种经济/社会成本就越会增加，经济发展模式优化性程度就越会下降。

B类型：不违法，但由于社会原有/现有各种有形与无形资产、资本的不公平、不合理再分配，由于信息、社会、人力和自然资源使用和享用的机遇、条件差别而产生并持续的贫富差别和两极分化，不仅直接影响经济发展模式优化性（如利益集团形成、围绕利益分配和价值认可产生的矛盾与对抗）（成本1），而且对社会价值观和行为准则产生间接影响（如把上层建筑权力、关系转化为"资本"与经济价值和利益进行交换的现象以及因此产生的"潜规则"等）（成本2）。而当社会职能/功能的发挥、领域的存在、机构的运行都以达到"各种利益交换"为目的，社会各类人群、各行业、各职业、各政府部门、各社会福利、保障领域和行为都将受到"交换"价值观和"潜规则"影响（成本3）。这既不是初级阶段的社会主义特征，又不是现代资本主义市场经济规律的体现，既不利于树立为社会整体利益的信仰、理想和行为准则（成本4），又阻碍培养现代市场经济体制下的职业精神、职业道德和职业操守（成本5）；既增加微观层面经济与社会运行的矛盾与冲突（成本6），又有害于民族素质（成本7）。

C类型：经济发展过程中，社会问题如出于竞争和/或迅速暴富和/或追逐效益和/或降低成本和/或利润增长等目的而产生的唯利是图、无视安全、草菅人命、克扣工资、剥削压榨、践踏人性等（成本1——造成平等、公平、正义实现的成本），或因此产生的各种后果，不仅增加经济发展成本（成本2）①，而且增加社会成本（成本3——如处理事故

---

① 这里不是在论证竞争、效益和利润等现代市场经济的基本行为和价值观是产生这些问题的直接因素。

或不幸的社会成本），同时对社会各个人群的信仰、理想追求、价值观趋向造成直接负面影响（成本 4）。这种社会问题不会因为某个口号、号召的提出就消失。只要片面强调"一切工作以经济发展为中心"和"唯市场经济规律"存在，只要"超常经济利益获取"现象存在，只要"交换"价值观和潜规则存在，只要经济行为中的 B、C、D、E 类型存在，只要社会问题中的 A、B、D、E 类型存在，只要上述"成本核算"与"冒险心理"比例存在，它就会继续存在。

D 类型：经济发展过程中，人为和/或政策因素造成的问题如单一追求经济发展和/或政绩效益而产生的各种类型的形象工程（小到一个乡政府或某个政府部门办公大楼），一方面造成的巨大社会资源、资本、资产浪费（成本 1），另一面使少数利益集团通过项目"竞标"从中获利并超常致富（成本 2）。这种"形象工程""轰动效应"不仅为官商勾结、行贿受贿提供温床和条件（成本 3），而且使社会丧失本来可以用来解决许多其他亟待解决的社会问题（如影响最广大人群的医疗保障成本上升、房价上升、教育等其他成本上升）的功能，丧失有利于加强社会平等、公平从而提高经济发展模式优化性程度的机遇（成本 4）。如果形象工程、政绩效应的始作俑者非但不受惩罚反而高就升迁（成本 5），社会影响就更大（成本 6），类似始作俑者就会不断出现（成本 7）。

E 类型：失业率（包括待业、临时/半就业、下岗人员比例）上升，农村过剩劳动力比例上升，社会稳定就业率的相对下降，基本生活成本指数由于少数先富者的生活方式、购买力以及其他各种原因与市场规律的交叉作用，促使各种价格上升，如住房、医疗、教育、交通等（这里不否定正常市场经济条件下经济发展时生活成本指数上升）（成本 1——最广大人民群众利益受到损害；成本 2——劳动力价值降低；成本 3——相对两极分化加剧）。但这三个"上升"和一个"下降"引发的社会问题（如刑事犯罪、自杀、离婚、财产等家庭问题、心理问题、精神问题、职业疾病等）① 都是经济发展的多种间接成本代价（成本4），也是经济发展模式优化性、稳定发展的间接成本代价，因为这类问题越多，社会本来可以用于其他方面的资源和资本就越少（成本5）。

F 类型：各类环境污染不仅直接降低劳动生产率（成本1），导致社会与消费者医疗成本上升（成本2），而家庭主要劳动力的劳动生产率的降低和医疗成本的上升又将直接影响家庭其他成员（父母、夫妻、子女等）的消费、心情、精神、健康、前途等（成本3）。环境污染导致少数人的利润增长，而恢复环境成本则由全体社会成员和未来几代人承担（成本4），而这种成本本来可以用于其他用途（成本5）。

G 类型：在资源"市场配置"理论影响下，中国产生了以生产力低下、资源贫乏、人口众多、劳动力廉价为特征的外向发展模式。在这种特征下，资源耗竭性使用不仅直接降低中国当代人的经济效用和效益（成本1），而且减少下一代及更多代的人的效用和效益（成本2），还增加未来经济发展的成本（成本3），这正是俄罗斯不急于开发西伯利亚、美国保留其阿拉斯加的原因之一（即高生产力水平的资源开发、使用将不仅降低成本而且增加收益）。中国依靠低下的生产率、廉价的劳动力、贫乏的资源所生产的日用型出口商品，等于提高了西方国家的货币购买力和生活质量（成本4）。表面上看中国依靠出口实现了 GDP 增长，而真正的经济效益则由国外消费者享受，并有利于其失业率降低和抑制通货膨胀。

上述 7 类 37 种成本，有一些（如社会成本导致的经济支出的增加）是可以量化的，而有一些因价值观、道德、信仰、社会发展方向性质受

---

① 这里仅指那些直接因市场经济运行而产生的后果，而不是说所有家庭或心理问题都是市场经济的后果。

到影响而产生的成本、后果与代价（如儿童中居然有长大当贪官的理想，这在世界上绝无仅有）则是无法估量的。其中，4 种为不可避免成本（F 类型问题的成本不包含在内），33 种为可避免成本。它们都与经济发展呈正相关关系，但是可避免成本曲线可以上下移动，见图 4-1。图中，线 1 表示 E、F 类型问题引起的不可避免成本，我们假设它随着经济发展而增加，但曲线本身不会移动；线 2 表示其他某种社会问题引起的成本与不可避免成本之和；线 3、线 4 为依次加上另外一种可避免成本（为了简单起见，图中我们并没有区分并画出所有可避免成本）。图 4-1 反映可避免成本可能（长箭头表示）远远大于不可避免成本（短箭头表示）。这些或大或小，或可以度量或不可以度量的可避免成本的出现以及数量、种类和程度的上升不仅标志着中国经济发展科学性程度的下降，而且标志着社会发展和社会管理的倒退，不仅影响经济发展模式的科学性、合理性，而且直接影响社会发展的方向和性质。不解决它们，发展模式的科学转型只是一句空话。

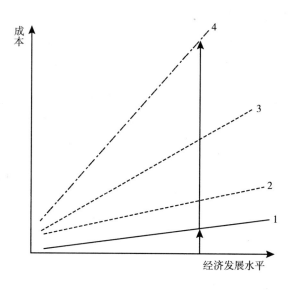

图 4-1　社会问题成本与经济发展的关系及其特征

我们用 *SPA*，*SPB*，*SPC*，*SPD*，*SPE*，*SPF*，*SPG* 来表示 7 种类型的经济发展的社会成本，*EC* 和 *IEC* 分别表示可以避免成本和不可避免成本，则有如下公式：

$$M = M\left(\frac{EC}{IEC}\right) \tag{4.1}$$

$$M'(\cdot) < 0 \tag{4.2}$$

$$EC = EC(GDP, SPA, SPB, SPC, SPD, SPG) \tag{4.3}$$

$$IEC = IEC(GDP, SPE, SPF) \tag{4.4}$$

公式表明，经济发展模式优化性程度受到可避免成本和不可避免成本影响，但可避免成本越高，经济发展模式的优化性程度所受负面影响就越大。这充分表明，经济发展并不必然带来经济发展模式优化性。

A、B、C、D、E、G 类型的经济发展的可避免成本和市场经济下的不可避免成本在 1949～1980 年期间基本不存在，因此它们今天对经济发展模式优化性的影响效力是绝对的，对社会心理状态、价值观等方面的影响效力也是绝对的。[①] 它们的出现以及数量、种类和程度的上升标志着经济发展模式优化性程度的下降——不仅引起社会冲突和矛盾以及其他社会问题，同时又是经济发展的成本和 GDP "经济发展模式优化性效益" 的直接隐性消耗。[②] 从经济学成本效用（cost utility）上看，为解决它们所付出的成本本来可以用于其他社会发展领域。所以，它们对经济发展模式优化性的影响具有经济和社会的多重性性质。反过来说，如果从一开始就减少或降低这些成本，对经济发展模式优化性程度

---

① 本章这里并没有把两个阶段的整个经济发展模式优化性程度做直接对比，仅是从与经济发展相关的社会问题对经济发展模式优化性的影响角度做对比。关于 1949～1980 年期间"意识形态极端化"和"社会发展指导理论错位"等因素怎样在经济发展时期影响经济发展模式优化性，参见第 2 章分析。

② 绿色 GDP 试图通过去掉部分"直接隐性消耗"来更好地衡量经济发展对于社会福利的贡献。一些研究认为，真正对社会福利做出贡献的 GDP 不到 90%，参见胡鞍钢（2006）。

的提高效用也是多重性的。

上述成本的阐述都很简单，而其实质可能是非常复杂的。下面第二节以中国的内需问题以及消费合理性问题为切入点具体深入探讨中国经济发展模式的问题。它反过来也可以为这里的成本分析提供实证支持。

第二节　中国宏观经济运行问题：以内需问题为例的分析

中国 1998 年出现"内需不足"，依靠投资拉动而恢复到供求平衡，到 2008 年，GDP 增长 1.58 倍，"内需不足"再次出现，而且更为严重。相关研究大多限于西方传统需求理论框架[①]，试图用收入再分配、消费信贷、投资拉动等手段加以解决，却忽视了中国内需总量上的表面不足反映了中国经济发展模式存在的结构性问题（包括一些种类的消费需求过于旺盛的问题）。比如，为什么住房、医疗、教育、社保在一些国家尽显社会保障之性质而在中国构成"核心消费"？这些领域的商业化、市场化、利润化、私有化所产生的增长效应是否反过来阻碍经济的健康、有机、可持续发展？除此之外，中国经济发展模式还存在什么机制导致中国内需不足？[②] 如果中国的内需不足更深层次地反映自身经济发展模式的结构性问题，那么，中国继续受到错误理论的影响，发展模式就越糟。在这一节，本书集中对内需不足所表现的中国经济结构性

[①] 在消费和绝对收入、相对收入、持久收入、习惯、不确定性、文化、人口统计因素、政府之间建立函数关系。

[②] 长期以来，中国并没有内需不足问题，投资和消费都很旺盛，国外需求和政府购买同样旺盛。只是，按照中国既有的发展模式，投资越增加，生产力越大，而需求无法相应增加。这个问题的本质是什么呢？是简单的宏观经济学政府购买增加能够刺激起来的吗？当凯恩斯提出他的宏观经济理论时，他对于资本主义依然具有信心，尽管他指出了食利阶层的存在，但他并没有认为这是一个根本性结构问题。他只把这个作为一个伦理现象来加以指责。而马克思则不是这样看。

问题加以分析。这些分析表明，中国发展模式的优化本质上是一个制度问题，而不是技术问题。

一 中国宏观经济运行的时间序列数据

图4-2表明，首先，1978年后中国消费内需趋于萎缩，2000年开始急剧下降，到2006年中国消费占GDP的比例（49.9%）低于总投资（50.1%）。这种经济过热、消费不足趋势性走向反映中国发展模式的结构性问题，内需不足仅是其表象，而2008年西方危机则是把这一问题提前暴露出来并凸现其严重性。其次，从1998年后的中国消费率看，经2年些微上升之后，它进入快速下降通道。再次，消费率的下降代表储蓄率的上升，这些原本用来实现消费型内需的储蓄被用于积累型投资对已经过热的经济雪上加霜或被用于形成畸形的出口型经济而使内需更加下降（见图4-3）。

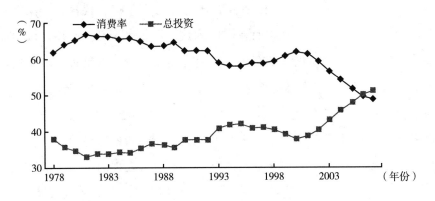

图4-2 中国1978～2007年消费率与投资率时间序列

或许有个别人会把图4-2、图4-3所反映的中国宏观经济运行效益说成是"中国特色"，但几个相关的政治经济学问题将会让持这种极端化观点的人哑口无言。中国1980年后以落后的生产力与人民日益增长的物质文化需要之间的矛盾作为中国社会主要矛盾。那么，当中国生

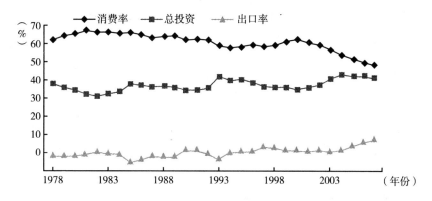

图 4－3 1978～2007 年中国消费率、投资率和出口率时间序列

产力的这种发展（姑且不论有无自主技术）有 15％是用于出口，而进口的要么是高档消费品，要么是重复建设所需的资本品，而全国人民的消费得到了应该得到的满足了吗？在过去 10 年中，一个 30 岁的人长到了 40 岁，一个 40 岁的人长到了 50 岁，他们的消费日益增长了吗？他们的消费的增长与生产力的增长是同步的吗？答案当然是否定的。当然，如果我们所提的问题不对，那或许是这种社会主要矛盾的判断存在问题。那么，那种还要争辩中国上述宏观经济运行效益是中国特色的人就请质疑中国社会的主要矛盾判断吧（那么，中国经济增长的利益、支出都到哪里去了呢？对这个问题的回答需要我们后面的章节的政治经济学理论分析）！而如果马克思在世的话，他会说，这是典型的生产关系阻碍生产力发展（哪怕是生产力还并不发达①）的现象。

二 消费结构、家庭收入、价格机制影响内需不足的结构主义分析

大量研究套用凯恩斯的消费收入决定论，认为收入差距是导致我国

---

① 中国缺乏自主创新能力只能说明中国目前的生产力并不发达，即便这样，它的进一步发展已经受到生产关系的阻碍。

消费不振、内需不足的原因，提出扩内需在于提高中低收入者收入。[①]
这样看起来，收入两极分化颇似中国收入分配的国情。日常经验也显
示，一个人的收入增加后，其消费自然增加，可是，对此类命题，需要
问这样两个问题：即手段与目的是否具有一致性（消费是否只与收入
有关，有无其他介入性因素影响割断了收入与消费之间的凯恩斯函数关
系）？所采取的手段的性质和数量对于目的的实现是否具有充分性（假
如消费只与收入有关，那么，收入的增加幅度是否能足够提升消费）？
如果对这两个问题的回答是否定的，那么，以收入提高来扩大内需的理
论，不管多么漂亮，都只不过是理论制造者的一相情愿而已。这样看
来，不管是用税改、健全社保、低薪阶层补助来提高中低收入者收入的
措施，还是让政府在国民收入中份额变小，都不足以扩大内需。不是
吗？如果中低收入者收入增加了，但如果同时他们的预防性储蓄动机增
强（陈学彬等，2005；易行健等，2008；周建等，2009；陈文玲，
2007；Luo，2007；Chamon et al.，2007），加上他们本来就有的高储蓄
习惯，那么，他们的消费增加就没有收入增加来得多。特别是，只要中
国的收入分配结构依然是少数人得到了极高的收入，那么，其他多数人
的收入的增加对于消费就没有显著效应。

　　还有学者提出用"合理的转移支付"和"收入再分配政策"来扩
大总消费。合理的转移支付和收入再分配都需要政府拿出勇气、行动，
但目前中国收入分配的格局与政府有极大关系。如果政府能够拿出转移
支付和再分配的勇气和行动，为什么就不能拿出彻底改变收入分配格局
的勇气和行动呢？毕竟，第一次分配的重要性要远远高于第二次分配、

---

① 朱信凯、骆晨（2011）对消费函数国内外研究所做综述提出，消费理论研究观点的偏差
　来源于研究对象、人口统计特征处理、政府作用、消费时机选择、处理方法等，而中西
　方经济社会结构上的差异性导致西方理论"水土不服"；他们还指出，中国理论界存在套
　用西方理论和检验的"拿来主义"倾向。

第三次分配。而如果政府只拿出一些进行转移支付和再分配的勇气，又有什么用处呢？美国、欧洲国家的转移支付和再分配不可谓小，却又怎样呢？要么无济于事，要么被指责为福利国家。中国作为社会主义国家，难道只能亦步亦趋美欧社会的转移支付和再分配政策吗？这也就否定了那种所谓福利国家的理论。

当我们否定了上述两种以收入增加来扩大内需的简单方案之后，就可以看出，刘文勇（2005）关于"收入只能部分解释需求变化，房改等因素的解释力可能更强"的观点对中国内需问题更具有针对性。龙斧、王今朝（2009cei）从结构主义出发分析了资源配置、交易成本和劳动价值变化对中国内需不足的影响。龙斧、王今朝（2009gh）从结构主义角度论证了教育、医疗、社保与住房一起构成中国社会"核心消费"。龙斧、王今朝（2009i）论证了住房在影响内需的诸多行业、产业变量中权重最高、力度最大。龙斧、王今朝（2009abdf）认为中国原有社会保障公益事业领域的私有化、商业化、利润化改变了经济利益关系并因此影响内需，而如果政府功能定位、行为特征和运行效益不改变经济利益关系出现的不平等、不公平和非正义，包括内需不足在内的许多重大经济、社会问题都无法加以解决。如果不采取政策大幅削弱预防性动机（Zhang，2007），不在针对中国社会发展主要矛盾的基础上（龙斧、王今朝，2007，2009ab）增加政策的可信性（Gauti，2008），消费难以增加。[1][2]　这里，我

---

[1]　不少文献注意到，房价对内需产生不良影响（史兴旺等，2009；魏贵祥等，2009；国家发改委投资研究所等，2009；国家发改委宏观经济研究院，2009），而袁秀明（2009）更提出中国需要建立以公共租赁房制度为主体的住房保障体系。Feng et al.（2009）、闫坤等（2009）、田青等（2008）、何立新（2007）、Wang et al.（2006）的研究表明，社会保障体系、教育、医疗等价格上涨过快产生降低居民消费的效应。杨汝岱等（2009、2007）的研究表明，居民教育支出上升 10 倍，居民边际消费倾向下降 12%。

[2]　应该看到，鲁迅主张应该多些"拿来主义"的时候，中国是一个殖民地主义、封建主义和资本主义等的大杂烩。而 20 世纪下半叶之后的中国已经彻底扫荡了这些"主义"，因而"拿来主义"的适用性就变化了。

们在上述分析的基础上，根据政治经济学原理从决策科学角度加以分析。

任何一个国家的生产，都会有大量产品供应消费，对于中国这样的人口大国尤其如此。[①] 因此，很自然，对一个国家内需不足的分析要从消费分析入手。从方法上看，对一个经济变量进行分析，可以有动机－行为分析，也可以有分类分析。把消费理解为消费者个人决策的动机－行为分析通常陷入新古典窠臼，其实质是取消内需不足问题，而不是加以解决，毕竟，其最终结论是消费者达到了效用最大化的均衡。即使消费者达到了这种个人收入限定下的效用最大化的均衡，它又怎么与宏观经济的非均衡一致起来呢？面对宏观经济的非均衡，微观的消费者均衡理论应该让位于宏观的非均衡理论。当中国内需不足是宏观问题之后，那些基于动机－行为框架的实证研究无济于事。比如，有的研究关注"弱势群体"消费行为，有的强调农户消费倾向严重偏低（邰秀军等，2009），有的则显示"弱势群体"消费行为的地区敏感性（金晓彤等，2010）和收入敏感性（Mocan et al.，2003），有的关注中间群体消费行为，有的关注城镇居民消费"棘轮效应"（娄峰等，2009）。其实，这些研究在西方已经很多了。在中国已经不需要这样的研究了，因为它们是闭着眼睛都可以想到的。因此，消费总量绝对不能依赖于这种性质的实证分析。

这里，我们采用的方法是分类分析。分类分析也有多种。比如，国际标准、宏观经济学、中国国家统计局根据消费品的自然科学性质把消费分成耐用品消费、非耐用品消费和服务消费。这种分类对于本书这里的研究没有什么价值。在对消费的研究中，一些研究把消费分成实用消费和享乐消费（如李玉峰、吕巍，2009）或分成大众奢侈品和狭义奢

---

① 当然，这种供应的多少会随着战争等各种情况而发生变化。

侈品（王兰，2010），这些分类显然与本书研究无关。这里，我们根据
莱宾斯坦的"功能和非功能需求理论"，也根据杨汝岱等（2007）"中
等收入阶层的消费倾向最高"等中国学者的实证研究所揭示的中国家
庭消费结构与特点，把中国消费区分为"核心消费"（CC）、"日常消
费"（DC）和"边际消费"（MC）三大类别。核心消费指住房、教育、
医疗和社保。它们既构成消费者的必需、必要和必然消费，无所谓消费
行为的差异性，又构成家庭收入中主要的消费支出，因此也就成为
"民生"内涵最主要、最本质的构成。[①] 日常消费指日常生活必需，边
际消费指满足核心消费和日常消费后的消费，如奢侈、享受、炫耀、偶
然型消费等。很明显，相对国际标准、宏观经济学和中国国家统计局指
标，该分类更具有与中国改革后所产生的政治、经济情况的对称性。这
种对称性是一个社会科学领域的理论所必需的条件之一（龙斧、王今
朝，2007）。

　　根据阿马蒂亚·森（2000），在正常条件下 GDP 的上升应该引起核
心消费比例相对日常和边际消费比例的下降，可是，中国 GDP 上升非
但没有引起核心消费比例的下降，反而引起它的上升，直接导致日常和
边际消费比例下降。一方面，核心消费比例直接影响日常消费的"可
多可少"和边际消费的"可有可无"；另一方面，它在消费者收入中的
比例对后两类消费的价格效应产生最直接影响，核心消费成本占消费者
收入比例越高，后两类消费价格效应就越低，即想通过后两类消费品价
格的稳定与调整来加大需求不会产生应有效应。

　　那么，上述两方面的效应是怎样产生的呢？很显然，如果没有住房
市场化、医疗市场化、教育市场化、社会保障市场化，中国消费者在这

---

①　虽然这四种消费对于一些家庭都是或然（contingent）消费，但它们本身确实构成中国社
　　会重大经济问题。

四项消费领域的支出金额是比较低的。如果过去 30 年人民的收入分配比较平均，因而都随着经济增长而增长，那么，保持着这四个领域的低支出的中国社会结构将不会产生这个核心消费领域。而当这个核心消费领域形成后，它又产生了一系列的连锁效应，比如，它创生了一个房地产暴利人群。这个人群一旦产生，就有其自己的发展规律，其人数不断扩大，其影响也就不断扩大，而受影响的人群也就不断扩大。由此可见，被新古典神圣化的市场化本身即代表着一种社会分配结构。这种分配结构如果没有其他条件的限制，必然是极端有利于极少数人。而从经济上看，必然导致某中国社会中的家庭核心消费出现如下公式：

$$CC = CC(SD, P_1, \cdot) \tag{4.5}$$

其中，CC 表示家庭在核心消费上的货币支出，SD 表示中国社会分配的平等性、公平性和正义性，P_1 表示核心消费品的价格，$\cdot$ 表示影响核心消费的其他变量。这个公式可以非常复杂。比如，在 20 世纪 90 年代，由于 P_1 相对较低，那个时期的消费者可以购买房子。而当他们有了一定积累之后，可以买第 2 套房子、第 3 套房子，只要有资金，或者只要能够出租，或者只要能够转手，中国少数人就可以积累起巨额数量的住房。而当房价形成今天北京市中心那样的水平时，一个人不需要几百套房子，只要拥有这样价格的几套房子，他就已经在短短数年积累了普通百姓几辈子甚至几十辈子都无法积累起来的货币财富。而对于那些没有房子的人而言，承受这种价格无疑就是让他成为奴隶，这种制度与奴隶社会的奴隶制度相比的优越性在于，这个奴隶他还不知道自己是谁的奴隶，奴隶主也不知道是谁的奴隶主，在奴隶主与奴隶之间存在的产权不如奴隶社会明晰。[①] 这样，在经济不断发展的中国，将会有

---

① 这个分析表明，产权明晰并不一定代表制度的科学性。由此推测，曾被指责的公有制的产权不明晰可能只不过是一个高度复杂的产权制度而已。

$CC_2 > 0$，也就是说，吉芬商品现象将会出现。

从马克思主义政治经济学和微观经济学看，在函数关系上，我们可以把公式写为：

$$CC = CC[SD, P_1(SD), ID(SD)] \tag{4.6}$$

其中，ID 表示收入分配均等化程度。该公式表明，从实证主义看，CC 由 SD、ID 和 P_1 决定，而 P_1 和 ID 又由 SD 决定。为了简化并考虑到本书目的，这里我们可以暂时不考虑 P_1 与 ID 的相互决定。我们假设收入分配越平等（以 ID 降低来表示），则 CC 越少。由于核心消费的必然性，我们有 $CC_2 > 0$。SD 涉及社会中各种权利的分配，权利的分配会影响 ID，也会直接影响 CC。我们假设 SD 所对应的经济利益关系越平等，则 CC 越小。比如，中国"学习"西方的银行按揭制度，正是导致中国住房需求发展成为投机需求的主要因素之一。中国在决定谁有权拥有几套住房以及住房面积有权为多少等方面"学习"西方制度也是导致 CC 上升的主要因素之一。鉴于此，在 CC 的决定中，P_1 与 ID 是作为纯粹经济学变量出现的，而 SD 是作为政治经济学、制度经济学变量出现的。SD 与前二者的函数关系表明，即便是通常理解为纯经济学的变量其实也并不纯粹。政治经济学、制度经济学变量 SD 的引入，再次加强了本书研究与中国改革后所产生的政治、经济情况的对称性。

核心消费的价格上升不仅自身具有政治经济属性，而且产生社会分配效应（如形成房地产商的暴利集团），这本身是对中国资源配置的直接的"第一次扭曲"。这种扭曲不仅具有分配效应，还有生产效应。当中国房地产极端化发展时，它带动了水泥、钢铁等诸多行业的极端化发展，在这种经济利益的刺激之下，政府想要压缩产能，也难以奏效。因为当压缩了小企业的产能之后，或压低了大企业的落后产能之后，大企业的其他产能就会填充这个市场空白。这时，政府官员可能已经在前面的压缩产能中耗尽了精力，对待企业的接下来的反应也就懒得理了。在教育领域，当中国通过"民办"高校的办法"大力发展高等教育"事业时，我们则看到，政府没有压缩"产能"，而是在扩充"产能"。众多的"民办"高校所提供的教育服务质量没有公立大学的教育服务质量高，学费却比后者的学费高。这既不符合社会主义市场经济规律，也不符合资本主义市场经济规律。类似的这种"产能"越扩充，中国的发展模式的不合理性就越增加。

核心消费的价格上升还直接对经济运行产生影响。它的价格上升所产生的财富效应导致日常和边际消费的价格效应下降，形成中国资源配置的"第二次扭曲"。市场机制本来通过价格弹性、收入弹性的作用（如物价降低、收入增加）应该产生使日常消费和边际消费需求增加的效应，但由于核心消费作为一种正常品的属性以及它们的价格的超比例上升，日常消费品的市场机制的作用无法发挥。也就是说，我们有如下公式：

$$DC = DC[CC, P_2, ID(SD)] \tag{4.7}$$

其中，P_2 表示日常消费品的价格（指数），$DC_1 < 0$，$DC_2 < 0$。如上所述，核心消费作为刚性支出，它决定日常消费的"可多可少"。因此，DC 对 CC 的一阶导数小于0。正是由于核心消费这个双重性质，其比例太大会降低日常和边际消费需求，造成内需不足。而核心消费中又以住房消费成本最大，因而从消费结构看，住房成为影响中国内需不足的单个最大因素。而很显然，ID 越不平等，DC 就越少。P_2 越高，DC 越少。虽然中国目前不乏供"富人"享用的奢侈品，但实在是落入核心消费范畴的住房成为中国消费结构不合理性程度的最典型代表。

$$MC = MC[CC, DC, P_3, ID(SD)] \tag{4.8}$$

其中，P_3 表示边际消费的价格指数。$MC_1 < 0$，$MC_2 < 0$，$MC_3 > 0$，$MC_4 > 0$。这里，我们还没有考虑 $P_2 = P_2(P_1)$、$P_3 = P_3(P_1, P_2)$ 以

及 $ID = ID$（P_1，P_2，P_3）的可能性。

根据这些公式，我们也就不难知道，少数暴富起来的人会扫荡世界商业名都，而中国普通企业的产品也就定会销售不出去了。

根据收入分配和价格影响消费的原理，以及 SD 影响 P_1、ID 的事实[①]，以上分析可以表明，相对于 P_1、ID，不仅 SD 对 CC 的影响是最大的，而且其不合理性也是显然的。因而，CC 消费的合理性也就首先由 SD 的合理性决定。我们无须进一步确定中国 SD 的合理性指标精确度量，其明显的不合理性表明，中国核心消费存在不合理。因此，校正 SD 就成为解决中国核心消费不合理问题的一个问题。上述分析可以表示为图 4 - 4：

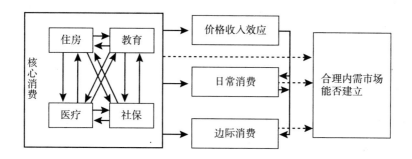

图 4 - 4　中国核心消费对国内需求的结构性和数量性影响

上述分析表明，如果核心、日常和边际消费比例违背阿马蒂亚·森规律，则中国经济增长对需求就会产生决定性的非市场规律性影响，消费结构"扭曲"成为必然。而当消费结构扭曲后，它必然形成扭曲的投资结构。甚至在扭曲的消费结构形成时，投资结构的扭曲也就筑就了。这样，无所谓政府支出多少、结构是否合理，也无所谓外需多少、结构是否合理，中国的内需市场不合理性也就打造成功了。这个方程的

[①]　参见王今朝、龙斧（2011）对供求决定价格的假命题性质的分析。

设立再次支持了本书所持的基本方法论观点，中国经济研究必须建立在与新古典经济学的极大差异之上（龙斧、王今朝，2012）。

三　中国消费内需"不足"的根本原因

根据以上分析，中国消费内需如果不消除社会分配结构的不合理性，即使通过投资拉动内需，中国内需市场的合理性也不存在。而在上述社会分配结构作用之下，GDP 越增加，中国社会的内需市场的不合理性就越高。因此，可以说，中国消费内需提高的最大困难在于社会分配结构的变化，而非其他。由于这个问题是中国经济发展模式中的一个核心问题，值得进一步思考。

这里，我们运用帕森斯结构功能主义方法、市场学市场分层原理以及社会经济学理论，把中国家庭分为高（N_h，C_h）、中（N_m，C_m）和低（N_l，C_l）三大收入群；N 表示某人群规模占总人口比例，C 表示平均消费量，h、m、l 分别表示高、中、低收入人群。很显然，对于不同的收入群，其规模是不同的[①]，其消费行为因而平均消费量也是不同的。也就是说，如果我们把 N_h、N_m、N_l、C_h、C_m、C_l 看作函数，它们服从于不同的规律。令 $SPG = (N_h, N_m, N_l, C_h, C_m, C_l)$，于是，对于整个中国社会的核心消费、日常消费和边际消费而言，$CC = CC(SPG)$，$DC = DC(SPG)$，$MC = MC(SPG)$。因此，中国的家庭结构与消费结构之间的关系具有如图 4-5 的特征。

在图 4-5 中，高收入家庭会对中间收入和低收入家庭产生影响，中间收入家庭也会对低收入家庭产生影响，当然，低收入家庭也会对中间收入家庭和高收入家庭产生反作用。比如，高收入家庭如果因销售房

---

① 中国的富裕者阶层规模在过去 30 年中扩大了，但给定任何一个时间点上中国的总收入（如 GDP），当一个人的收入远远超过其他人之后，则这个人的富裕就是其他人的贫困。

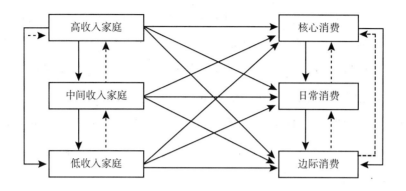

图 4 - 5　中国家庭收入分层与三大消费的交叉关系

注：实线表示作用，虚线表示反作用。

地产而暴富，那中间收入家庭和低收入家庭就无法平等地享受到房地产发展所带来的好处。这种收入分配的机制就像一个"金字塔"，越到底层，其人群规模越大。本来，高层人群通过向低层人群收取一个较低价格，就可以获得可观的市场收益。中国的社会分配结构则是让高层人群从中低收入家庭中得到一个很高的价格。当中国的收入分层越严重，可以看出，中国的经济发展模式的基础也就越扭曲了。在这样的基础扭曲之下，中国消费市场的不合理也就是必然的了。

　　为了准确地刻画中国消费市场的不合理性，我们不妨假设存在一种适当的社会标准，按照该标准，社会合理（最优）的核心、日常和边际支出分别为 CC^*、DC^*、MC^*。如果社会实际的支出分别为 CC、DC、MC，那么，$CC - CC^*$、$DC - DC^*$、$MC - MC^*$ 构成描述中国消费市场不合理的三个变量。它们距离 0 越远，则中国消费市场的不合理性就越大。见图 4 - 6。图 4 - 6 还显示了这样一个关系，即当中国家庭的核心消费超出其最优水平之后，中国日常消费和边际消费就达不到应有的水平，而其总效果是中国消费占 GDP 的比重下降。这是因为日常消费品的生产提供了中国社会最主要的产品构成。当它的需求达不到社会的合理的水平时，内需不足是很容易出现的，而消费占 GDP 的比率降低也容易成为必然。[①] 从这样的消费分类来看，三种消费各自的实然（de facto）值与应然（de jure）值的一致性程度的高低是决定中国消费合理性的指标。不同人群规模的差异性、平均消费的差异性以及应然与实然的差异性反映中国内需市场合理性程度。这里对应然和实然的定义建立在王今朝、龙斧（2011，第 4 章）基础上，与以凯恩斯主义、新古典主义进行的研究明显不同。

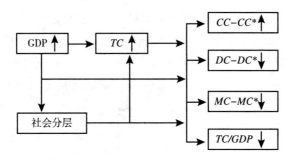

图 4 - 6　中国消费总量的合理性衡量

以上分析表明，中国合理消费总量只能建立收入群分化较小的经济结构之上。这一结论不仅否定了那种把总收入看作 TC 决定变量的观点，也否定了那种把 TC/GDP 作为衡量消费总量合理性指标的观点。它也再次表明，中国经济的总量失衡问题在本质上是一个具有政治经济学性质的结构性问题。[②]

四　未来中国经济发展与消费关系的博弈

以上我们已经看到，社会收入分层与消费结构之间存在对应关系。

[①]　美国的消费占 GDP 比例没有出现类似中国这样的下降，那是因为它保证了整个社会的基本消费。市场机制在美国的消费品领域的运作是比较充分的。

[②]　其实，凯恩斯主义也是试图用结构性办法来解决经济总量失衡问题的。不过，凯恩斯主义的方法实行后，一个国家的经济结构不发生大的变化。

不同的社会收入分层结构对应着不同的消费结构。从目前中国的收入分层角度看：①由于高收入者消费结构和行为固定，其收入 y_h 提高或下降对其核心消费（CC_h）、日常消费（DC_h）基本不产生影响，最多对边际消费（MC_h）产生影响，即 $CC'_h(y_h) = DC'_h(y_h) = 0$，$MC'_h > 0$。因此，$y_h$ 改变对于 TC 变化的效应有限。②低收入群对就业具有极强依赖性，劳动力过剩使这种依赖性更高，其收入在纯粹市场环境下难有实质性提高，收入上升而引致的相应消费上升主要集中于 DC，对 CC 影响一般，对 MC 无影响，因而对 TC 变化影响虽然高于高收入群但低于中收入群。③中等收入群收入的提高会对 TC 产生最显著效应。

使用以上符号，我们有

$$TC = (N_h \times C_h + N_m \times C_m + N_l \times C_l) \times P_o \tag{4.9}$$

其中，$N_h + N_m + N_l = 1$，P_o 表示人口规模。该公式表明，不同经济收入群的 N 和 C 合理给定是社会消费总量 TC 科学确立的必要条件之一，因此，高收入群的向下流动以及中低收入群的向上流动对改变中国消费总量不合理性具有根本性的影响。

现在，我们考虑收入从高收入家庭向中等收入家庭的转移。令 Δy_h，Δy_h^{MC}，Δy_h^{DC} 分别表示高收入群收入减少的绝对值、将这笔收入转移给中等收入群后用于他们边际、日常消费的部分，CC'_M，DC'_M，MC'_M 分别表示中等收入群在核心、日常、边际消费上的倾向。假设高收入家庭的核心消费和日常消费已经得到满足，其收入的增加或减少只对边际收入产生影响。于是，把其收入转移出来，对整个社会总消费的所造成的减少是 $MC'_h \times \Delta y_h$。而把这个收入转移给中等收入家庭后，整个社会总消费由此得到的增加是：

$$MC'_M \times \Delta y_h^{MC} + DC'_M \times \Delta y_h^{DC} + CC'_M \times (\Delta y_h - \Delta y_h^{DC} - \Delta y_h^{MC}) \tag{4.10}$$

于是，收入转移后，中国的消费总量可能会出现以下三种情况：

①降低：$MC'_h \times \Delta y_h > MC'_M \times \Delta y_h^{MC} + DC'_M \times \Delta y_h^{DC} + CC'_M \times (\Delta y_h - \Delta y_h^{DC} - \Delta y_h^{MC})$。这意味着考虑到上述两个效应，收入转移造成中国社会总消费降低。然而，从整个社会的角度看，即使总消费降低，也代表着经济发展模式的改善。因为高收入家庭的边际消费可能不过是一种建立在畸形市场上的畸形消费（如从欧美市场购买豪华轿车）而已。

②持平：$MC'_h \times \Delta y_h = MC'_M \times \Delta y_h^{MC} + DC'_M \times \Delta y_h^{DC} + CC'_M \times (\Delta y_h - \Delta y_h^{DC} - \Delta y_h^{MC})$。这种情况很难出现，即使出现，也可以归为第一种情形。

③增加：$MC'_h \times \Delta y_h < MC'_M \times \Delta y_h^{MC} + DC'_M \times \Delta y_h^{DC} + CC'_M \times (\Delta y_h - \Delta y_h^{DC} - \Delta y_h^{MC})$。当这种情况出现时，中国不但有消费结构的改善，而且有消费总量的增加。这时，TC/GDP 会提高。无须说明的是，只有 Δy_h 足够大（税收很难起到这样的作用），中国的消费结构和总量才能得到根本的改善。而且，如果 Δy_h 足够大，则第三种情况一定会出现。

除了上述收入的垂直转移外，中国 1980~2012 年间，一些政策导致大规模的社会人群丧失收入稳定性。其导致经济发展模式不稳定的机理可以用以下分析来说明：

首先，对于 CC、DC、MC，高收入群消费结构稳定，其消费总量与收入基本不存在相关性。这是因为，对于任何动物而言，消费都只属于一种维持性变量。对它的消费达到一定程度之后，不管收入怎样增加，消费都不再增加。[①] 其次，中等收入群 CC 稳定，但 DC、MC 表现出较高的收入和价格弹性。最后，低收入群在三种消费上都有需要，但在优先性上存在巨大差别，消费稳定性最低。用 ε_i^{Inc}（其中 $i = h$，m，l）表示需求的收入弹性。弹性之间的差异反映不同收入群消费稳定性的差异。

---

① 这也显示，人民的物质文化需要不会永远地日益增长下去。

用 y_h，y_m，y_l 分别表示高、中、低收入群的平均收入。随着经济增长或随着中国收入分配结构的变动，不同收入群的家庭收入也发生变化。于是，社会的总支出增长率可以表示为：

$$\Delta TC/TC = (\varepsilon_h^{Inc} \times \Delta y_h/y_h \times N_h + \varepsilon_m^{Inc} \times \Delta y_m/y_m \times N_m + \varepsilon_l^{Inc} \times \Delta y_l/y_l \times N_l)$$

$$(4.11)$$

而经济增长率或收入分配结构的变动可以表示为：

$$g = (\Delta y_h + \Delta y_m + \Delta y_l)/(y_h + y_m + y_l) \tag{4.12}$$

只有满足下面条件时（假设价格和人口不变），社会收入的变动才能引起消费总量的相应扩大：

$$\frac{\Delta TC}{TC} > g \tag{4.13}$$

如果 $\varepsilon_h^{Inc} \to 0$，则无论 $\Delta y_h/y_h$ 变大还是变小，是正数还是负数，都对消费内需的扩大没有影响。同时，如果 $N_h \to 0$，这个高收入阶层对于消费内需的影响就更小了。中国富豪从绝对数量上已经不少，但相对于全国人口的比例，依然处于少数。因此，如果中国真心想要增加消费内需，那降低高收入阶层的收入是最优的选择。

虽然 ε_m^{Inc} 距离 0 较远，但 $\varepsilon_m^{Inc} < \varepsilon_l^{Inc}$，而且，中国显然还没有形成一个庞大的中产阶级，所以，$N_m < N_l$。因此，如果中国的经济增长或收入分配结构使得收入更加偏向于低收入家庭，并且在社会分配结构上消除核心消费这一范畴，那么，中国的消费内需能够得到极大程度的扩大。当然，由于分配结构取决于生产结构，而生产结构又取决于所有制结构。因此，中国如果不改变当前这种扭曲了的多种所有制并存的局面，则内需不足即使通过凯恩斯式的财政扩张政策得以缓解，未来（从历史经验看，不会超过 10 年）还会再次出现。

以上分析足以表明，中国内需不足（因而经济发展模式）是一个政治经济学问题，这样看来，实证研究政府投资或消费对居民消费总量的影响，争论其有效还是无效，前者对后者是挤压还是补偿与刺激的关系以及公共投资与消费的效应差异性上，与扩大内需问题的解决是没有一阶变量关系的。把这些因素当成中国内需不足的主要原因，就会导致把高积累、城镇化、城市化、市民化不足等作为中国居民消费不足的"推力"或原因因素。我们的分析表明，如果不建立在根本改变社会分配结构的基础之上，其他任何政府行为都只能是形而上学地改变消费数量，而无法从"质"的角度改变消费结构。由此，中国的经济发展模式的一个根本性问题也无法得到解决。

第五章
私有资本与发展模式决定

　　第二、三、四章从现象的、社会学的层面对发展模式的成因进行研究，多少有些类似马克思写作《资本论》以前的研究经历。在写作《资本论》之前，马克思对资本主义社会进行了长期的方方面面的研究，最后选择把"资本"一词（而非"政治经济学批判"）作为其经济学巨著的核心词汇，而用其他概念（如劳动、价值、剩余价值）来说明资本究竟是怎样的一种社会关系，从而揭示了资本主义的制度本质，推出了资本主义危机的必然性。本书第二、三、四章把劳动、资本、技术区别开来，视它们的社会属性为不同的变量，同时也视这些发展要素的社会属性是与社会主导价值观、经济政策、政治形态等不同的变量。《马克思恩格斯全集》里大量的文章是这样的文章，甚至本书第一章的文献回顾也吸取了马克思恩格斯的一些写作风格。

　　上述研究范式在研究的初始阶段是合理的。在归纳研究的基础上，再深入下去，探讨这些原来被割裂的变量之间的联系，就可以发现，资本的社会属性和政治属性在上述变量中具有一种"普照的光"的性质。也就是说，原来所归纳的那些变量（至今依然为社会学等学科所瞩目）都受到了资本的本性的作用。中国今天的发展模式也受到了资本这种

"普照的光"的作用。① 资本作为一种社会关系在中国客观存在，围绕它进行研究正是经济学所无法回避的主题。对它的研究也将进一步加深我们在前面三章所做的分析。

第一节　中国经济发展模式在资本所有制
问题上的理论误区

在资本所有制问题上，新自由主义观点由于思想观上的片面性和方法论上的简单化，把高利润与高效率、高效益等同起来，又把高效率、高效益与私有化等同起来，制造了严重的理论误区。根据这两个"理论公式"，国有企业无疑是效率、效益、利润低下的代名词，而"多种所有制并存"这一经济发展模式也只能是"全面发展私有制"了；根据这两个公式，中国"扩大内需"时也应全力保障私有企业不破产、不下滑，以免引起失业率上升、内需缩小。这些理论误区不是单纯的学术方法或理论偏颇问题，而是已经对中国经济发展模式产生重大影响，它不仅是导致中国内需不足的原因，而且对解决内需不足的政策科学性也产生了不良影响（例如，有些政府领导把帮助房地产商售房作为具体工作任务交给政府部门人员来完成，这在世界上所有国家的政府职能方面堪为独一无二），更对中国的发展模式改进起到了极大阻碍作用。

一　"高利润＝高效率、高效益"误区

新古典经济学假设市场经济下企业以利润最大化为目标。那么是否利润越高效率、效益也就越高呢？第一，从企业利润来源看，如果企业

----

① 既然中国引进了私有制成分，那么资本主义的这种"普照的光"照到中国，也就必然对中国的发展模式产生影响。对此视而不见不是实事求是。

管理、技术等水平先进、产品性价比世界一流，由此产生的利润就反映效率、效益。而利润来自不合理的高价格或垄断或对市场规律的破坏（如通过利益交换获取贷款优惠政策、获取低廉资产等），高利润就不再反映效率、效益，而是反映不平等的交换关系。第二，如果企业依靠原始资本主义模式对廉价劳动力的极限榨取、把雇佣劳动力所得仅仅维持在基本生存水平上，则按照马克思关于利润率是剩余价值率转化形式的观点，利润率越高，剥削程度就越高。不少民营企业在2005年新《劳动法》实施后由于劳动成本提高而倒闭，因为原有利润主要就是来自已至极限的廉价劳动力。而当前外部需求减少，一些出口型企业倒闭或严重亏损，因为原有利润主要就是来自已至极限的低廉价格。从经济学、管理学、市场学角度看，它们以前的"高利润"无非来自廉价劳动力和/或低廉价格，而一旦市场条件变化，劳动力无法再廉价，原来经营模式的低效率、低效益暴露无遗，只有倒闭或亏损。原有的"高利润"谈何效率、效益？第三，高利润还可能来自原来国有企业资产的低价格出售转让，这更是与管理、技术等真正创造利润价值的因素无关，而只与私有化的彻底性有关，与原来几十年、几代人创造的资产创造有关，与社会的经济领域里再分配的合理性有关。如果一个民营企业以十分之一、几十分之一的价格"收购"了原来国企资产的产权（人类历史上最快的原始资本积累），再加上解雇部分原有职工，再加上政府的下岗、搬迁等各种补贴，再加上政府在原材料供应、市场开发、资金周转、贷款条件、商品检验、社会宣传等方面的支持，再加上低廉劳动力大军，这样降低成本和获取各种显性或隐性补贴之后不获取利润才是咄咄怪事。在不否认高利润可能是由于高效益、高效率产生的同时，也同样不能否认高利润可能不是由于高效益、高效率而产生。第四，从对比角度看，计划经济时期国家控制了绝大部分商品价格，国企"利润"在一定程度上反映了管理水平、技术水平，但更主要的是反映了国家面对百废待兴、"一穷二白"、国际封锁甚至战争而配置资源的意志，反映了国家为了实现经济政治上的人人平等而赋予国有企业的社会功能。在当时条件下，它的效率、效益就是在现有设备条件下完成或超额完成国家指标。相对于管理、技术因素而言，国家意志对于利润率高低的影响力应该更大。而且，当时的国家意志也包括大力提倡技术革新、质量管理等。如此来看，如果企业"利润"低是由于国家计划经济的价格体系所致，如果是由于承担了直接体现"三个代表"重要思想的众多社会功能所致，那么，把这种社会主义发展模式简单理解为效率低下根本不符合科学发展观，因为从这一角度看，国有和私有企业的效率、效益根本没有可比性，更不能用利润来衡量它们的效率、效益高低。第五，从利润的社会运用看，中国计划经济时期国有企业由于不平等交换所得的利润被用于社会主义建设，最为直接地体现社会进步、平等、公平的"取之于民、用之于民"，从根本上也是与那个时期经济制度相符合，是真正意义上的"高效益"。今天企业的高利润是否被用于中国最广大人民的根本利益呢？是否产生了世界速度的两极分化呢？是否被用于行贿受贿呢？是否被用于营造高楼大厦、车水马龙或炫耀性消费呢？这些问题是那些主张中国"越私有化越好""越商业化越好""越市场化越好"因而表现出极端化单一化思维模式的经济学"主流派"所无法回答的。

从实践领域看，今天中国房地产业现状恰恰提供了一个"高利润、低效率、低效益"的案例。首先从利润来源看，它的高利润不是来自高管理、高技术、高性价比所创造的价值，而是来自资源、资产和资本配置的特殊性（如借权谋地、凭地贷款等）以及因此产生的房地产商－政府－银行三位一体运行模式的特殊性。在这种条件下维持的高房价为房地产商带来了高利润，而且这个高利润还来自对消费者的不平等交换关系，来自不公平地、带有强制性地榨取"消费者剩余"。其次从产业效益看，房地产业的高利润并没有带来使消费者享受数量更多、质量更好、价格不断降低的产品/服务这一高效益。所以，中国房地产一方面利润率/量高，另一方面效率、效益低下（如并没有为广大消费者解决住房问题），连"看不见的手"所应该产生的市场效益都没有取得。而加拿大房地产业国有、集体所有和私企三合一模式又恰恰表现出"低利润、高效益、高效率"特征。通过控制价格，防止资本、资产、资金向房地产业的过度流动，不使私有企业在这一关系到带有极强社会公益性、民生性的领域里获取暴利。其房地产商虽然没有获取中国这种畸形高利润，却从根本上保证了住房这一商品的市场和社会效益性、效率性。上述分析说明，无论是从理论上还是从实践上看，高利润可以来自高效率、高效益，也可以伴生低效率、低效益，而高效率、高效益可能伴生低利润，因此，"高利润＝高效率、高效益"在逻辑上根本无法成立，在理论上是一个误区，在实践领域中屡屡被证明是与最广大人民根本利益背道而驰的。

二 "国有企业＝效率、效益低下"误区

新古典经济学"主流派"在理论上极力反对经济结构中的任何国有成分。他们最擅长的就是利用所学不精的西方经济概念攻击国有企业的效益、效率低下问题。第一，这种谬论以树木代森林。中国历史上国有企业在为经济发展、为改革开放打下基础的过程中所表现的效益是有目共睹的。研究充分表明，如果没有"文化大革命"因素的介入，中国 1988 年可以达到 2005 年的经济发展水平，而"大锅饭"只是"文化大革命"中形成并延续到改革开放时期的一种特殊历史产物（龙斧、王今朝，2009ab）。第二，加拿大不少国企的效率、效益高于私有效率（以各自目的和结果为衡量标准）。其他欧洲国家如瑞典、法国、荷兰等的国有成分也都各有其特点。比如，它们的房地产业国有成分表现出

的效益远远高于中国房地产私有制表现出的效益；从解决普通消费者住房问题的结果看，从价格合理性上看，从收入－价格比上看，从拉动内需、促进消费的经济效益看，从房地产对经济平稳、可持续发展产生的效应看，都更符合科学发展观。是否社会主义的中国在国有成分的实践上比这些资本主义国家缺乏经验、能力和知识呢？第三，国有成分较难产生私有成分那种贪污腐败、行贿受贿、官商勾结行为。比如，私有房地产业可以用股份交换来获得某些官员对私有企业利益的保护、支持和优惠，而且很容易"合法"（龙斧、王今朝，2009b）。而国有房地产业拿出国有股份进行利益交换从而使国有企业利益受到保护、支持和优惠在逻辑上难以成立，更不用说法律上的可能性。第四，从实践是检验真理的唯一标准看，市场经济下的私有制实践已历经几百年。检验房地产业国有成分较之是否效率、效益更为低下还有待实践。而中国在经济结构中注入国有成分时能否像注入私有成分时一样具有信心，或能否像西方资本主义国家注入国有成分时一样具有信心，就已经不只是一个经济理论问题了。毕竟，从历史和辩证唯物主义看，发展了几百年的市场经济私有制经历过整个经济大危机、大萧条（美国总产值下降46.2%），失业人口大增（德国失业率达50%），不能说与市场经济、私有制下的效率、效益等毫无关系；而作为"新生儿"的社会主义经济由于上述"国家意志"等原因无法达到市场经济下的"利润率"或"商品短缺"就只能与低效率、低效益有关（关于对哈耶克社会"短缺理论"的经济学批判见龙斧、王今朝，2009a）。这种逻辑上的荒谬可以列为研究方法论教科书中的经典案例。

既然中国共产党人能在极艰难的情况下使新民主主义革命成功，而在经济学中，革命被视为一种"公共物品"（相对于其他公共物品，这种公共物品也许更为重要、供给也更为困难），因此，从历史角度看，公共物品供给一定无效率的"主流派"观点是站不住脚的。再从逻辑上看，"主流派"所讲的"集体行动搭便车""公地的悲剧"本身是以没有信仰、激励、监督、考核、提高机制为前提条件的，同时也是以无政府状态为前提条件的。经济激励在很多情况下并不重要。在新民主主义革命时期，共产党军队中一个军长和战士的津贴是一样的，在很多时候是没有津贴甚至是食不果腹的。按照"主流派"这种逻辑，是不是共产党可以建立一个新的国家，而这个国家的管理却要交给资本家呢？在新中国成立几十年后，共产党领导下的国有企业一定就是、从来就是效率、效益低下无论从历史还是逻辑来看，都是非常荒谬的。

这样看来，"主流派"关于公有制注定效益低下的观点无疑置加拿大和欧洲国家如瑞典、法国、荷兰等国有成分的存在与发展的事实于不顾，置中国国有企业历史上的辉煌于不顾，也置马克思关于社会主义如何既消灭私有制又能发展生产力的政治经济学理论于不顾，置国企利润率低下可能存在其他方面原因的事实于不顾，从而表现出违背辩证唯物主义和历史唯物主义思想观和方法论的本质。"主流派"以国有企业既当运动员又当裁判员为借口要求其退出"竞争性行业"，一方面无视现实中根本没有完全竞争行业这一基本事实，另一方面又无法解释今天中国房地产私人企业对于社会所施加的奴役。他们无法也不愿理解的是，根据经济社会发展的需要，国家可以增加私有成分，也可以增加国有成分，而不是只有私有化才是合理的权力界定、产权明晰。①

三　"多种所有制并存＝全面发展私有制"误区

新自由主义不是要完善国有企业，而是要彻底取消之；他们不是要多种所有制并存，而是要全面、彻底的私有化，意识形态极端化倾向显

---

① 其实，社会主义公有制的最根本特征乃是在于它保证没有任何人能够通过资本所有权得到远超过其他人的收入。这个特征所带来的经济效益远远不是那种所谓产权明晰所带来的经济效益所能比拟的。

而易见。他们的"越私有化越好""越商业化越好""越市场化越好"的新自由主义理论对中国发展模式产生了重大影响。而迅速、全面私有化的一个理论依据就是，"公有制注定效益低下，只有私有制才能救中国"。他们从产权、资源配置、效益、效率、激励机制、改善人民生活、发展生产力、生产关系等各个方面"论证"公有制的失败。前文分析表明，加拿大、美国和欧洲的国有企业并非总是效率低下的，也没有要自己的国有企业"退出完全竞争性企业"。不妨设想中国房地产业以国有企业为主导会产生怎样的效应。首先，国有房地产企业不以"暴利"为最终目标，因而价格与人们的收入水平相一致，因此降低其市场前景的不确定性，而银行贷款和资本流动的稳定性、合理性也因此上升，加上政府支持，这样可以避免私人房地产商与银行联姻而产生市场价格扭曲从而影响消费内需的扩大。其次，无论从理论上讲还是从逻辑上看，国有成分较难产生私有成分那种贪污腐败、行贿受贿、官商勾结行为，交易成本极大降低，从而进一步保证价格－收入比的合理性程度，从而有利于扩大内需。再次，国有企业在宏观调控中能够发挥重要作用。加拿大房地产业的"多种所有制并存"模式表明，注入国有制成分的实质是建立一种"界定权力"的新契约。它既不同于计划经济下的公有制，又不同于市场经济下的私有制，既有市场经济成分，又有计划经济特征，是市场经济下发展结构中的一种新契约模式。这种模式能够使一个国家、社会的极为重要、不可再生、影响整个经济平稳、可持续发展的生产资料和相关宝贵资源的配置和使用科学化、合理化，使直接关系到民生、"以人为本"和"最广大人民群众利益"的资源、资产、资本的社会分配公平化。而这个"科学化、合理化、公平化"的经济学意义是明显的，没有任何手段比这个"权力界定"能够更加直接、迅速、高效率、高效益、低成本地促进消费、拉动内需。从这个角度看，简单化的方法论（全面发展私有制）反映了思想观上的片面性

（私有制＝高生产力），这种意识形态上的极端化与经济发展模式的单一化与科学发展观根本对立。

四　"政府必须拯救私人企业，因为破产会引起失业、影响内需、动摇金融"误区

当中国出现内需不足问题时，有些地方政府推出"拯救"房地产业的措施，如延长土地出让价款缴纳期限、延缓银行贷款利息等来"拯救"私营房地产企业。其公开提出的理由就是，如果房地产业出现破产，失业率一定会上升，而消费内需却会因此下降。

首先，从市场经济规律看，由于竞争不力、产品积压、效率低下、专业能力或缺而导致某一行业的某些企业破产完全是市场规律的必然结果和法则，是竞争和市场机制对现代企业的正常约束效应。根据市场经济的辩证法则，这种破产最终只会促进经济发展和就业率上升。比如，某些、某个企业破产后资产的拍卖（如西方经常发生的现象），一是使消费者直接受益，并且促进购房以外的消费，提高整个社会消费需求，结果会创造更多就业机会。二是使资金迅速回笼／流动。资本具有机会成本，因而房地产企业破产后的资金回笼能够加速资本周转，提高资本使用效率，避免货币的低流动造成机会成本的上升，并通过迅速转入其他高效率、高效益行业，扩大就业、提高就业率进而又扩大内需。三是这种破产将对生存的房地产企业提出更高的现代管理和发展要求，它必须改善质量、提高服务、合理定价、避免交易成本，结果不仅使消费者受益从而扩大他们在其他领域的消费，而且企业自身发展受益从而扩大就业以弥补破产企业造成的失业。破产与就业的上述辩证关系表明，市场经济规律支配下的"破产"机制能提高而不是降低就业率。认为"破产会引起失业、影响内需、动摇金融"的观点只看到了破产与失业的简单关系，而没有从宏观角度看到它们之间的复杂机理关系，更不用说那些出于既得利益目的而拿"破产引起失业、经济不发展"作为幌子的非经济学观点。

其次，从现实比较看，就破产对就业、内需和金融产生的冲击而言，今天房地产业的某些企业破产不可能超出当年要求国企"退出竞争性行业"时全面出售、转让并使大量工人下岗的影响更大。那些当年打着"效益"旗号积极支持国有企业（包括盈利企业）出售、转让的中国经济学"主流派"，今天又在"论证"政府应该对效益低下的私有房地产业维持、拯救以避免"失业率上升"。那么，按此推论，"竞争 - 破产 - 提高 - 发展"这一市场经济规律和西方市场经济学理论只能适用于社会主义公有制下的国有企业而不适用于市场经济下的私有企业。理论上还有比这更荒谬的逻辑吗？"国有必须破产""私有不能破产"的双重标准是西方新自由主义在中国滋生起来又违背西方经济学基本原理的寄生物。其荒谬性体现了他们的"越私有化越好"的意识形态和思想观，为里根 - 撒切尔主义的意识形态极端性所不及。很显然，如果没有破产机制，房地产行业就会出现这样一种"只能发大财、只能一夜暴富、只能一本万利"却不能遭遇风险和破产的封建经济现象。这既不是社会主义市场经济也不是资本主义市场经济，既不是"社会主义初级阶段"也不是"马克思主义中国化"，既不是"中国特色的社会主义"也不是"社会主义和谐社会"。借口内需、就业、金融而提出"房地产救市"的理论不仅与科学发展观相悖，而且与市场经济基本规律相悖。

那些以现代经济学之名行新自由主义之实自称"主流派"的人关于中国经济发展模式的上述四个误区互相联系、互相支持。比如，中国改革开放前以全民所有制和集体所有制企业为主体，误区一、二为攻击这类企业奠定思想基础。在限制和束缚了这些企业发展的基础上，误区三为少数人完成原始资本积累和实现暴富创造舆论条件，为此哪怕是侵吞全民所有制、集体所有制资产。误区四则为陷入困境的经常是饱含"原罪"的私人企业摇旗呐喊。如果说，一个思想家自相矛盾的思想最能反映其阶级倾向，那么那些置最基本逻辑于不顾、置最基本事实于不顾的人在所有制问题上存在的理论误区所隐含的阶级倾向就更不用说了。不仅如此，如果"主流派"在提出其主张时连最基本的逻辑和事实都没有顾及，就表明它连经济学的基本功都还没有建立起来，这种名不副实、欺世盗名正好具有韩非所说"五蠹"的特征。

第二节　私有资本影响中国发展模式的历史反证法分析

在对以上关于所有制的理论误区加以阐述之后，我们现在可以看一看私有资本是如何影响中国经济发展模式的。

马克思（1867）指出："资本来到世间，从头到脚，每个毛孔都流着血和肮脏的东西。"在社会主义国家，私有资本的这种作用已经被限制住了，否则，在巨大的资本积累过程中，不会有什么良好的社会心理状态产生。二者虽然表现各异，但都证明，马克思关于"资本不是物，而是一种以物为媒介的人和人之间的社会关系"的观点的正确，只不过，资本这种关系在资本主义条件下是那种关系，在社会主义条件下是这种关系。也就是说，资本可以是"魔鬼"，也可以是"婢女"，关键是它处在什么条件之下。这种条件包括一个社会的发展指导理论、阶级力量、政党本质、领导人能力、国际环境等因素。可以说，无论是在纯粹的资本主义还是在纯粹的社会主义，资本的角色已经基本确定。可是，资本主义本性的资本"魔鬼"，如果被一种其他什么主义化妆一下，装扮成一个"婢女"，来到社会主义国家，并被一些所谓的专家接受为真的"婢女"，它会带来什么呢？对这个社会主义国家的经济发展模式会产生怎样的影响呢？这个问题依然没有得到直接回答。

当中国的经济不断发展、体制不断变化、私有资本大量出现时，以"主流经济学"为代表的一些极端片面性观点就犹如中国历史上多次出现的那样又"应运而生"了。① 首先，在思想观上，这些观点对资本的经济属性无限崇拜，认为只要有利于中国经济增长，资本的经济属性必须无条件实现，而因此所产生的平等、公平或正义问题可搁置一旁（或许认为等经济发达到西方资本主义程度，资本引发的"弊病"自然会消失）。其次，在方法上，这些观点认为，资本在经济学研究中"神圣不可侵犯"，如果对其功能、作用所产生的经济问题、社会问题进行批判性分析，那就不属于经济学范畴。② 这种方法论上的简单化一方面源于思想观上的片面性和形而上学。而另一方面，纵观中国历史，这种"一荣俱荣、一损俱损""要好全好、要坏全坏"等带有封建色彩的思想观上的极端性表现屡见不鲜。结果，资本昨天还是"十恶不赦"，今天就在"救国救民"。

即便意识形态上发生了上述变化，中国的经济发展模式本来依然可能不会发生变化。从马克思主义角度看，社会主义最根本的特点不是资本的所有权不明晰，而是没有任何人能够宣称拥有资本。社会主义国家在建立之后，逐步地把私有资本社会化了，几乎也没有人拥有资本并依靠资本获得巨大的经济利益。这是社会主义区别于资本主义的本质所在。那么，当社会主义国家实行多种所有制并存允许私人资本的存在

---

① "主流经济学"始终标榜把效率、效益和利润放在第一位，不仅主张公平的优先性低于效率，而且主张一切都要为效率、利润服务、让道。这样，它对极端、无条件的市场化、私有化、商业化的强调也就顺理成章了，而把任何不围绕效率、利润或产值的研究都宣称为不是经济学研究也就顺理成章了。

② 这些观点在方法上的典型表现就是，无视西方现代经济学各种流派的存在，无视过去半个世纪以来西方经济学不断产生的新理论、领域、研究范畴和多学科交叉的性质，不通过科学研究就主观臆断什么是或什么不是经济学研究，并在学术舞台上对不同观点进行封杀。这种"唯我独尊"的方法直接违反现代社会科学的最基本原则——要让不同观点发表意见，对不同观点的讨论要依靠现代研究的科学方法。

后，私人资本的生存与发展就有两种可能。其中一个可能就是，依靠自己的劳动，有时加上一些雇佣劳动，逐步积累基本。不管是"傻子瓜子"还是一些所谓民营企业，都曾这样运作过。不过，市场经济的一个根本特征是，对于其中任何一个企业而言，其风险都是巨大的。比如，其中一个风险就是，你永远不知道可能出现的竞争对手！而在社会主义国家，一个风险还是来自公有制企业的竞争。公有制企业挟资本、技术、人力、管理、政府的优势，如果与私人企业竞争，那可以把任何一个私人企业扼杀在摇篮中。从这个角度看，中国私人资本的发生、发展必然是受到了某种强大的"眷顾"，而国有企业的行为也一定受到了某种强大的抑制，否则，如果国有企业按照市场经济的规律来运作，当它看到某个私人企业长期盈利时，它完全可以把它吞并。如果这样，本来，中国的经济发展模式不会发生什么变化。①

第二个可能就是，私人资本的积累不是依靠自己的劳动，而是依靠把公有资本转化为私有资本的手段。然而，这个手段面临的一个难题是，没有任何一个人拥有足够的自有资本可以按照市场经济下市场现值定价法所进行的资产估值，买下一个哪怕是村办集体企业或街道办的企业。毕竟，中国从 1949 年直到 1980 年，工资收入极低。而那些通过价格双轨制得到了额外收入的人毕竟是少数，而且，既然已经得到了一笔远远高于别人的收入，似乎就已无必要继续买进公有制资产。毕竟，通过工业生产得到利润要远比通过商业差价利润来得慢、来得小、来得复杂。又假设，中国各级地方政府对于公有资产切实加强了保护，使那些即使能够出得起资金的人也买不到。于是，中国社会的私人资本积累就根本不会发展到危及原有发展模式的程度，私人资本真的就成为中国公有制资本的有益的补充。

---

① 关于公有制生产关系下经济发展模式的优化性论证参见王今朝、龙斧（2011）。

第三节　私人资本积累、生产、分配影响中国发展模式的历史实证分析

从资本所有制属性决定发展模式的角度看，上述历史反证法的分析本来是可能的，也是中国低生产力水平下最优的一种发展模式选择。不过，一旦允许私人资本存在，社会的生产就会开始转向以利润为最终目的，而为了追求利润，铤而走险在所不惜。其逐利的本性就会使其通过一个个常常被称为"民营老板"的人把一切都变成能够盈利的因素。[①] 而这时，经济发展模式的优化性也就必然降低了。

一　基于交易过程的资本原始积累与经济发展模式

商业曾经在西方国家的原始资本积累中发挥了巨大的作用。中国在此方面也有相似之处。

第一，前面分析的"国退民进"即是中国一些少数人实现原始资本积累的一种商业机制。

第二，"交易成本"机制。与西方新制度经济学所提出的交易成本概念不同，中国社会分配结构中的"交易成本"不是价值创造和实现过程中除"生产成本"外的合理合法的"附加成本"，如计划、协调以及监督成本或制定和实施协议的成本等，而是由于人为规定交易环节而导致社会中一方为此支付成本，而另一方获得收益。当这种交易成本制度化后，它不仅会到处生长，而且会不断繁殖、维系自我，从而成为某些少数人积累原始资本的手段。不是吗？当中国进行一些领域的民营化

---

① 钱昌照在其回忆录（第130页）中曾指出宋子文与孔祥熙在逐利行为上的区别："宋也做生意，但不如孔祥熙那样无孔不入"，以至于"英美对宋还信任，愿与他打交道"。

改革时，难道不是人为地规定了交易成本吗？尽管这种交易成本与西方国家市场经济下的正常交易成本（如由劳动分工细化或信息等不对称引起的交易成本）不无相似之处，但中国一些交易成本（如核心消费领域）具有不合法性，从而形成少数人原始资本积累的来源，而不是如美国那样，仅仅是造就一个中产阶级而已。比如，当中国把住房、教育、医疗和社保这些原来属于社会福利的范畴转为或部分转为市场化模式时，中国房地产行业中出现的商家－政府－银行"三位一体"的运行结构产生了独特的交易成本，其贪污腐败、行贿受贿、官商勾结的现象不仅案例数量、金钱总量超过其他所有行业，而且相比所有西方资本主义市场经济国家独占鳌头。而这种巨大的交易成本又以不合理的高房价形式转嫁到消费者身上。这种为了交易完成而发生的经济行为所导致的"附加成本"一方面以"利益交换"为特征，另一方面以广大消费者为转嫁对象。二者的结合就形成了一种超常的、既非资本主义又非社会主义市场经济的、带有浓厚封建色彩的一种隐藏但又带有强制性、不公平性的社会再分配形式。它实质上是社会分配通过权力和关系让价值创造过程的成本不合理增加，让"消费者剩余"转为商家的利润和贿赂的资本，并极大降低消费者在住房外的其他正常消费能力和愿望。在这个以权力和金钱为特征的价值交换产生的社会再分配形式下，官商利益集团受益，其代价不仅是广大消费者利益受损，不仅是中国合理消费需求受到直接抑制，而且是经济可持续发展、GDP 合理增长的丧失。

在中国"合法"但不合理的各个消费领域交易中，消费者实际支付价格与其所购买"商品"的"自然供给成本"（反映商品真实生产成本）之差构成交易成本。比如，鉴于医疗的市场消费性质（必需、必要、必然性），谁能够拿到这种由原来社会福利范畴转为私有化、市场化、商业化、利润化的销售环节（无论是批发还是零售），谁就能够在这种不合理的交易中获取利益——这个问题本身就是社会分配结构问题，本身就存在社会分配不合理问题。而一旦商家获得这种权力（比如工商登记许可），在商业化运作下，商业利益使药商、医疗器材商等供应商与医院、医生中间产生"流通环节"，使医院和医生之间产生流通环节，使医生和病人之间产生流通环节。结果，在使用哪个厂商的药品上，在购买哪个厂商的医疗器材上，在建造怎样标准的病房上，在病人用药是用公费药、半自费药还是全自费药上，在病人是手术治疗还是保守治疗上，在住院还是不住院上（谁有消费实力、谁享受病床或有限的专家资源），在诊断过程中要做哪些"必要"检查上，在医院药房药品定价上，在医疗事故处理上，就产生了无数的流通小环节，因而产生了交易成本。如此交易成本的发生，不是因为最广大患者（即最广大消费者）必需某些服务（因而表现出不合理），而是因为消费主体在实现自己目的的时候不得不承担与自己目的无关的额外支出（因而表现出社会分配的强迫性）。这种交易成本越高，患者家庭用于其他消费的支出就越少。而如此产生的收入分配差距无疑就是因为社会分配创造了一种从社会弱势群体向强势群体转移收入的机制所致。与医疗领域类似，在教育领域，双轨制、赞助、教学器材、基础设施、校服、培优、书本、作业、课程设置、学位设置、教师数量、教师招聘与选拔、职称设置、行政人员、机构设置、后勤、教学检查等方面引起的包括学生家庭在内的整个社会不必要的付费构成交易成本。房地产和社会保障领域内不需要的社会成本支付也构成交易成本。

住房、教育、医疗和社保领域运行的不合法、不合理且数量巨大的交易成本转嫁到消费者身上，加重了他们的购买力负担，经济发展模式的不合理性上升。从对比角度看，由于住房、教育、医疗和社保的社会公益和民生属性，一些西方国家恰恰在这些领域中采取政策和措施降低由市场化运行、管理模式引起的交易成本，从而达到加强经济发展模式合理性的目的。

　　西方资本主义市场经济的发展史证明，资本的原始积累并非平等、公平的过程，阶级、种族、性别、民族、国家机器、文化、经济、政治、历史进程、科学技术、军事力量、武器装备、宗教、信仰、意识形态等都与资本原始积累具有因果变量关系（并非某些观点所描绘的"纯洁天使"）。中国与它们不同①，是在实践了30多年的社会主义公有制、所有参与这个经济体制下生产活动的人们都只有基本工资基础上开始的私有资本的"原始积累"。在此过程中，资本积累是否也会存在不公平、不平等现象呢？中国在改革开放前的生产资料（包括资本、资产、资源、基础设施等）从理论上是全民所有，而"公有财产"也该是"神圣不可侵犯"。那么，在这种条件下，如果社会中每一个人都有相同的"社会关系"、相同的借贷手段、相同的市场信息、相同的银行贷款、相同的对经济"市场化转型"、相同的"资本原始积累"产生关键性作用的行政权力、相同的由这种权力以及政策产生的机遇效应，在这种情况下展开的"原始积累"将是较为平等和公平的。或者像美国第二次世界大战结束时开始的《士兵福利法案》（GI Bill）和相关政策那样有选择地为一部分社会人群提供经济资助（如优惠贷款）和免费高等教育②，从而为这些"少数人先富起来"提供了"资本积累"的条件，而且60多年来在美国这样一个极端资本主义市场经济的国家里没有人质疑其平等性、公平性。③ 反之则不然。④ 比如，政府部门、银行

---

① 上述每一个因素都有大量历史实证和研究。

② 中国有大批抗美援朝军人和解放战争时期、新中国建设时期的士兵。可是，他们很多在退伍之后默默无闻。

③ 根据 GI Bill of Rights 法案和其他相关政策，仅 1944～1956 年期间使近千万名退伍军人享受到教育、培训、创业资金来源的益处。这是美国历史上最大的对人力资本的社会选择性投资，对后来经济发展的作用是无法估量的。当然，根据"主流派"的逻辑，这不是"市场经济"行为，是不公平的"资本积累"。

④ 无论欧洲还是美国资本主义原始进程都不乏对某些人群的剥夺并将其转化为原始资本，或以资本运作为本质特征对某些人群所进行的奴隶贩卖和劳动力的无偿、低价占有。

和私人可以"结合"产生的"贷款"，官商勾结也可以实现资本积累。再比如，一个全民所有的企业被出售、转让不是由这个企业的全部所有权占有者（包括成立第一天起就在其中工作、管理过的所有人）来决定，而是由即刻的管理层自身决定或是由政府参与行为决定，或不是现代资本主义市场经济方式的收购和兼并（Takeover and Acquisition），那就有出现平等、公平问题的可能。从出售、转让的结果看，大多数原来生产资料的主人成为雇佣劳动力，而另外少数人群则在一夜之间积累了资本。有些学者认为国有企业的私有化、出售、转让和资产流失（这些成为中国社会主义公有制经济转型时期私有资本原始积累的典型特征之一）是"把本来就是从资本家手中抢过来的物归原主的过程"的论调就更谈不上最基本的逻辑性、严谨性了。① 这些从资本家手中抢过来的资产是否真是"物归原主"了呢？对四大家族怎么"归"？辛亥革命抢了资产吗？中国历代改朝换代时抢资产了吗？那谁是最开始的"原主"？当然缺乏基本学术严谨性的"主流派"观点无碍于经济转型时期中国私有资本原始积累所反映的社会、经济行为的平等性、公平性、正义性。但如果在政策驱使下，这种所谓的带有剥夺性、强制性的"一夜之间"的结果则是需要认真分析的。还有些观点认为，要是完全平等、公平、正义地来进行资本积累那就太慢了，但如果为了达到"私有资本快些积累起来"的目的就可以使其不平等、不公平、非正义的手段具有必要性和/或可理解性，那么日本是否可以用"大东亚共荣圈"这一"伟大目的"来证实其法西斯手段也具有这种被理解性和必

---

① 有观点认为："中国国有企业改革的过程，特别是民进国退的过程……是创造财富的过程，而不是瓜分财富的过程。……尽管可能存在着国有资产的流失情况，但是中国面临的最大威胁，是政府侵害私人的产权，侵吞私有财产。""MBO 就是这样的事，本来就是物归原主的过程，它本来就是从资本家手中抢过来的，现在市场化了，通过程序退回给人家，人家买回去，怎么又叫国有资产流失呢？"参见张维迎《舆论不要"妖魔化"中国企业家群体》，《学习月刊》2004 年第 11 期。

要性呢？毕竟，积累的目的和手段是两个问题，目的在这里无法证实手段的正当性、合理性，而"不公平、不平等、非正义的手段只要帮助达到资本的快速积累的目的社会就会科学发展"更是荒谬。上述分析可以产生这样的假设：当一个社会主义公有制经济向市场经济转型时，私有资本的积累过程、手段、方法和相关政策的平等性、公平性、正义性、合理性、科学性受到不同因素的影响，函数公式表现为：

$$E_A = E_A(x_1,\cdots,x_n) \tag{5.1}$$

E_A表示私有资本积累过程的平等、公平、正义程度，x_1，$\cdots$，x_n表示对资本积累的平等性、公平性、正义性产生影响的包括手段、方法在内的各种因素。上述分析已表明，私有资本积累的速度、结果或总产值/GDP的增加在这里无法成为E_A合理的（Valid）或可靠的（Reliable）影响变量，而"国有企业由于其管理者实际上包括企业经营者和政府主管官员"，因此"其目标实质上就是这些管理者的利益或效用最大化"来证实E_A程度就高更是荒谬。

第三，不管是市场经济还是其他经济，交换的平等性程度都影响着社会分配的合理性。中国今天不仅存在着普遍的资本雇佣劳动这种不等价交换，而且存在着劳动力以外的其他各种商品之间的不平等交换。围绕交换，有马克思劳动价值论和西方一般均衡两种意识形态上截然对立的理论，西方学者往往认为后者较前者更具有科学性，其实不然。从劳动价值论看，一方面，商品价值由社会必要劳动时间决定；另一方面，在竞争机制下，商品价格反映价值，围绕价值上下波动。由于大多数人依靠劳动获得收入，不仅普通劳动者之间的直接交换关系应该是在劳动价值基础上的等价交换，即便是那些"以商品生产的商品"的交换也不能如今天房地产价格那样畸形地偏离劳动价值所规定的相对价格关系。这正是马克思劳动价值论的精髓之一。由于绝大多数具有使用价值的物品都是劳动的产物，所以，劳动价值论不仅为人们提供了在偶然交换关系中的行为指南，而且提供了构成一种社会分配的普遍交换关系的理论指南。与西方一般均衡理论认为供给和需求相互独立不同，劳动价值概念本身包含了供给和需求两个方面的因素，因为任何劳动产品价值决定都是基于一定需求之下由生产所需要的"必要"的劳动时间。因此，相对西方经济学的一般均衡理论，用劳动价值论决定社会商品的比价关系要简单、科学得多，它可以用于决定任何两种商品的相对价格，而且会随着人类知识的丰富、觉悟的提高和制度的改进，使交换关系的公平性提高。而一般均衡理论则需要同时求解所有市场的出清价格才能知道某一种商品的合理价格水平。即使这样从理论上可以做到，求解出所有的方程时，方程的条件完全可能实际上不同或早已变化了，因而使其丧失实践指导性。以住房为例，按照劳动价值论，其商业价值应该用建筑所需的社会必要劳动时间来衡量，房价应该反映价值。在这样的交换关系下，住房资源的生产、分配、交换和消费才真正被市场经济的价值规律来配置。而今天，中国房价不仅高于社会必要劳动时间所指示的价格，而且高于社会必要活劳动时间所指示的价格与资本折旧成本之和，前者不仅高于后者，而且远远高于后者，不仅远远高于后者，而且长期远远高于后者，完全不是围绕价值上下波动。假如一套房子建筑需要花费一个劳动力1年的劳动时间，而其销售价格却需花费一个劳动力10年的劳动时间才能支付，那么，商业化的中国房地产业向社会其他部分的人群以1单位劳动交换10单位劳动的比价销售其产品。在这种情况下，不管社会分工怎样复杂，经济怎样增长，只要绝大多数人依靠劳动谋生，房地产业就会继续无偿占有他人大量的劳动，社会交换合理性也就会由于交换关系违背劳动价值论而大大降低。按照这种分析就不难看出，人们通常所说的单位平方米房价与工资之比实质是房地产私企对大多数人的奴役。由于中国的每平方米房价与工资之比超过美国，中国大多数人所受的奴役也就超过美国。如果再考虑到一个劳动力还需要维持自身和家庭生存其他消费，他遭受的来自房地产业的不平等交换就不再是 10 年，而可能是 20 年。在这种情况下，房价越高，劳动者所受的奴役就越高。很显然，在这里，房地产业少数人先富的实质就是对多数人的奴役——在这里，与新自由主义的宣称正好相反，市场经济没有产生大多数人的自由，而是产生了对大多数人的奴役。结果，在中国改革所形成的市场结构下，即便劳动价值的决定在经济微观领域里有其合理性，这个合理性也被宏观上社会交换关系上的不合理性所否定。

上述实证分析表明，市场化的方案设计如果偏离劳动价值论就有可能产生严重不虞后果。中国房地产商业化的不虞后果仅是这种偏向性影响的一个实证案例，教育、医疗、社保领域的商业化改革如果违背劳动价值论，类似不虞后果也难以避免。与哈耶克宣称计划经济、社会主义导致奴役相反，与弗里德曼宣称资本主义、私有制导致自由相反，市场经济也可能产生奴役，如果不是只有资本主义市场经济才产生奴役的话！

第四，有形资源。比如，住房使用的土地是社会和经济发展的最基本资源，医疗、教育、社保则具有国家上层建筑领域的社会功能性质，而且在中国本来是社会福利而非商业消费领域。首先，当它们转入或部分转入市场化、商业化、利润化运行模式时，谁占有有形或无形"原始资本"，谁就在社会资源、资本和资产的使用和占有上享有"先机"，这个资源与机遇的"分配"过程、手段、方法无不具有社会分配属性。其次，当房地产、教育、医疗、社保转入或部分转入市场化、商业化、利润化运行模式时，它们构成当前中国核心消费，从根本上影响任何其他消费的增加与减少。综合这两个条件，核心消费领域里的"社会分配"又包括两种特殊经济机遇的社会性再分配。①在经济体制变化的特殊条件下，如政策导向，原有经济结构造成的固有权力、社会关系和资源优势，公有制向市场化、商业化、利润化、私有化转型等产生的经济机遇再分配，如将原来几代人几十年创办的国有企业/农场一夜之间变为某个、某几个私人的"原始积累"从而产生的机遇，或由于对原来计划经济下某一领域已经形成的潜在生产、销售、流通渠道等掌有的权力和资源而产生的机遇。②特殊消费结构下产生的市场机遇再分配，如在消费领域中，利用核心消费的必需、必然、必要的刚性性质（核心消费四个领域无不具有这样的性质）在市场化名义下提高价格，而为核心消费领域提供投入的部门也相应提高价格。

二　生产过程与经济发展模式

当资本成为生产资本，当价值增值依靠人和他们在生产过程中结成的社会关系进行时，无论资本由谁管理、由谁使用、由谁受益、不同人按照怎样的比例受益，无不影响资本积累，也无不影响经济发展模式。社会主要生产资料的资本的这些问题无法不影响一个社会人与人之间的平等、公平和正义。如果抛开这个本质特征，只强调其最大限度增值的经济属性，那么即便经济增长，也不可能有科学的经济发展模式，否则，美国资本主义奴隶经济制就会因其高效率高效益而保留到今天，而中国也必定会有人主张对它加以借鉴和效仿（中国今天那些借口发展经济、讲究效率而草菅人命的行为不乏奴隶制经济的特征）。在其经济属性实现过程中，即生产过程中，资本必然体现、支配、影响、确立的人与人之间的经济、社会与政治关系和地位，如从属和支配关系以及各种权力关系。

资本作为"生产资料要素"的经济属性就是实现其原始价值的增值。而这个生产的全部过程和环节都是以资本与劳动力之间结成特定社会关系为最基本条件的。二者在这种社会关系中有哪些差别呢？

第一，资本积累的目的之一就是用从劳动力进行生产而获取的剩余价值来作为进一步支配劳动力的条件①,所以马克思指出"现在,对过去无酬劳动的所有权,成为现今以日益扩大的规模占有活的无酬劳动的唯一条件。"而劳动力对资本在生产过程中不存在这种"支配/占有权"(对这一点,西方经济学理论中有些直接承认,有些间接承认,而有些避而不谈)。

第二,资本在投资方向、投/撤资决定、投资手段和方法、何时需要劳动力、使用什么样、使用多少、怎样使用劳动力、劳动力在生产中所处地位都具有选择权、控制权和决定权,而劳动力只有一个选择,那就是被雇佣的选择(注意:政府或立法、执法机构的行为不代表"资本"经济属性所表现的意愿,这一点资本主义的历史发展就是实证。"资本"从来没有让"劳动力"决定工资是多少、要干什么、怎样干、是否解雇自己等)。这种权力上的巨大不平等完全可能导致经济、社会和政治关系上的平等性、公平性问题。比如,由于业主/管理者在经济生产活动中的失误导致企业不景气需要解雇时是不会将自己放在解雇名单上的,这与军队、现代政府管理是不一样的。战争中指挥员的失败不会导致其部队士兵的解雇,某个政府部门的失职不会导致该部门普通工作人员的解雇,而是指挥员/政府部门领导的替换、解职、辞职或"下岗",因为士兵和普通工作人员并没有失职。企业的经营失败、经济发展中的衰退同样不是由于劳动力失职所造成的,而是由于管理层、资本的占有者以及市场经济本身所带有的弊病所造成的。然而,当一个企业亏损时或经济出现衰退时,常常是雇佣劳动力首当其冲被解雇,去为管理层、资本、市场经济承担责任。从这点来看,劳动力的经济命运甚至还不如生产资料中的机器、厂房、技术。正是这种资本对劳动力具有的绝对支配权、统治权和命运决定权揭示出资本的政治属性(那种认为

---

① 马克思所指的"支配"包括对剩余价值的"分配"。

资本与劳动力可以和谐共存的观点无非是痴人说梦、一相情愿罢了）。

第三，资本以最大限度增值为目的，劳动力以生存为目的。在资本眼里劳动力只是生产中所使用的"物"。前者在决定后者的生产方式、手段、待遇、条件等方面时考虑的是"节约成本"的经济属性，加上上述两方面的权力差异，必然会产生前者为"成本"最小化而造成对后者不平等、不公平的结果。比如，当资本用劳动力创造的剩余价值更新设备时，劳动力也可称为多余而被解雇。正因为上述生产和经济活动过程中资本与劳动力关系的各种差异，西方资本主义市场经济下才产生了工会（或类似）组织，它们是生产过程中对抗资本产生的不平等、不公平的产物，正是通过它们，工人才能有组织地、有效率地在工资、待遇、福利、工时、工作条件、环境、补偿、技术使用以及招聘、解雇等多方面争取自己的权力和利益，从而帮助社会实现平等、公平、正义。① 实际上，工会除了表现资本的社会、政治属性外，也带有相对资本的经济属性。② 上述这些关系都是资本在生产过程中产生、形成、依赖的结果。平等、公平和正义也就因此成为资本运行中必然的、不可回避的、无法否认的经济与社会属性内涵，从而也就是经济学研究不可回避的领域。西方经济学今天对资本运行的这种社会关系性质（即社会属性）并不回避，毕竟它关系到生产效益（effectiveness）、效率（efficiency）、效果（outcomes）和资本增值幅度（profit margin）等重要

---

① 即使施加抗衡性力量制约、限制资本的权力，也只能部分减轻、缓和这种不平等、不公平，远远没有资本公有化对消除这种不平等、不公平的作用和效果来得明显。如果在政府大力支持（以国退民进、引进社会化资本、引进民营资本等为口号）的资本私有化过程中，没有强大的工会组织，没有强大的民权组织，没有人们的罢工、游行、集会的自由，产生出私有资本与非人待遇、拖欠工资、工难矿难、山体滑坡、尾矿溃坝、直接在水井中倾泻化工废水污染生活水源之间的线性因果关系也就是必然的了。

② 工会代表会维护会员和职工的经济利益。工会的经济属性实现越多，资本在循环过程中的经济属性就越被削弱。从资本的"成本效益"这一经济属性来讲，工会是不可忽视的变量因素。

问题。上述分析帮我们推出这样的公式：

$$
E_P = \begin{cases} E_P(P_d, L_d, T_d) & U = 0 \\ \dfrac{1}{U} E_P(P_d, L_d, T_d) & U > 0 \end{cases} \tag{5.2}
$$

其中，E_p 表示资本在生产过程中的平等性、公平性、正义性，P_d 表示资本在生产过程中对劳动力的占有权和支配权，L_d 表示资本对与劳动力相关的生产过程和环节的选择权、控制权和决定权，T_d 表示资本由于其降低成本的经济属性而对劳动力的生产方式、手段、待遇、条件等方面的决定权，U 表示工会力量/劳动力组织程度。$E_p{}'(\cdot) < 0$，即 E_p 与 P_d、L_d、T_d 均呈负相关关系，资本对劳动力占有权、支配权越大，对与劳动力相关的生产过程和环节的选择权、控制权和决定权越大，对劳动力的生产方式、手段、待遇、条件等方面的决定权越大，资本在生产中产生不公平、不平等的结果就越大，发展模式的优化性就越弱。工会和组织起来的劳动力是对资本支配权的制约因素，当劳动力完全没有被组织、工会不存在或者工会不具有代表作用时，$U = 0$，资本的上述权力/利完全被发挥出来。U 越大，表示劳动力组织程度越高，资本对劳动力的上述权力/利越受到削弱，社会平等、公平程度就越高。

三 资本增值的分配、归属与发展模式

资本所有者决定对资本增值的占有权和分配权，这是"私有财产神圣不可侵犯"的根本实质所在，尽管资本离开劳动力增值就无从谈起。如果双方结合后，价值在经济生产活动中相对同时、同步、同幅度、同速度增长①，那么还可以讨论"平等""公平"的问题。劳动力

---

① 这里是指相对增长而非绝对平均主义的增长，但后者价值的 IPO 即原始"定价"也必须公平，由自身的市场代表决定。然而这又是不可能的，因此，不公平和资本的增值秘密从这时就开始了。见下一节分析。

所创造的剩余价值使资本增值，那么自身是否也增值呢？是否也以相对的幅度与速度增值呢？又具体表现在哪些方面呢？

第一，资本增值和劳动力价值变化的不对称。正如马克思所说："资本家已经积累得越多，就越能更多地积累。"（马克思，1867，第639页）那么劳动力创造的剩余价值越多，能否有这样的相应增值呢？当然不会，生产过程中已经确定的社会关系，即资本占有者与以工资为价值衡量的劳动力阶层之间的关系已经确定了这种"不平等"，即无论资本增值多大，劳动力的价值不受此变量影响（关于对劳动力价值的变量影响，参见下一节对资本"契约"的分析）。所以，资本和劳动力二者在剩余价值基础上增值的比就可以用来衡量一个社会经济活动的平等、公平的指数（尽管还有其他变量），记为以下公式：

$$e = e(\frac{m}{W}, \cdot) \tag{5.3}$$

其中，e 表示社会经济活动的平等指数，m 为剩余价值，W 表示实际工资，$m + W$ 等于生产带来的价值增值，而 $e_1 < 0$。很显然，这里 W 的大小由资本决定，与劳动创造了多少新价值没有关系。由此公式和上述论证，我们得出：

命题 1 当实际工资 W 不变时，工人创造越多的新价值，资本占有的剩余价值就越多，比值 $\frac{m}{W}$ 越大，贫富差别、两极分化指数就越高，社会平等、公平程度越低；即使实际工资上升，但如果剩余价值上升得更快、更多，社会经济活动的平等指数也必降低。

第二，从中国市场化过程看资本与社会平等、公平和正义的关系。抛开上述资本积累的平等、公平问题不谈，抛开生产过程中私有资本所建立起来的人与人之间的不公平、不平等关系不谈，让我们再回到中国公有制经济的市场转型案例上来看资本与劳动力的"增值"问题。

①30年前，中国社会所有人群从资本角度看都是"一无所有"。而今天所形成的贫富差距不是指个人日常生活财产和收入上的差别，而主要是资本增值与劳动力"增值"上的差别。① 净利润（剩余价值）就是资本增值的物化形式，而工资减去通货膨胀和物价指数上涨（这两个变量又都与资本的作用有关）就是劳动力价值的物化形式。二者差别有多大呢？这个差别的大小能够反映一个社会的市场经济行为的公平和平等吗？答案不言而喻。②这种"贫富差距"究竟是由于个人努力程度、知识水平、能力高低所产生的呢？还是由于资本的作用、功能所致呢？无论从一个企业还是从资本与劳动力整体关系来看，资本增值可以用净利润（剩余价值）所需要的剩余劳动时间来表示，而劳动力"增值"则可以用劳动力生活资料（即实际工资）所需要花费的劳动时间来表示。正如马克思（1867，第584页）所揭示的那样："资本不仅像亚当·斯密所说的那样，是对劳动的支配权。按其本质来说，它是对无酬劳动的支配权。……资本自行增值的秘密归结为资本对别人的一定数量的无酬劳动的支配权。"那么，因此所产生这种"增值"差别能够反映一个社会的市场经济行为的平等和公平程度的上升与下降吗？答案也不言而喻。

　　第三，从工资增长与人口基数看资本增值的秘密。当资本决定的、由各自增值差异性产生的贫富差别、两极分化不断加大时，平均工资增长多少的"纯粹经济学"还有意义吗？仅凭提高工资就能解决社会平等性问题吗？不能。在资本获得权力后，劳动力工资任何上升可能产生的购买力增加都会被资本以价格上升的方式"攫取"。中国房地产业的

---

① 尽管个人日常生活财产也是一个衡量指标，但与资本的增值相比，这个指数就不如以资本为特征的贫富差距更能够衡量社会平等、公平的程度了。劳动力的增值体现为工资的上涨。资本暂时不投入生产使用不会贬值（感谢现代金融资本的运作），而劳动力不被雇佣一天，总体价值就贬值一天。这也在生产过程中赋予资本以优势、强势的地位和权力。

资本对中国劳动力工资的提高就是典型的例子。改革开放以来，劳动力的名义和实际工资都增加了，但房地产价格的上升使得工资的任何上升都相形见绌，再加上医疗、教育、社保领域的成本上升，结果，中国劳动力工资的任何上升都无济于事。[①] 为劳动力提供来源的人口基数是一个不可忽视的变量，即不可以说，美国最富有的人与最贫穷的人的差别与中国的差别相比就反映出双方的资本增值结果的平等性、公平性和正义性。代表资本增值人数在总人口中的比例越小，平等性、公平性越低（因为资本"对别人的一定数量的无酬劳动的支配权"就相对越大，提供这种增值又被无偿占有的人数就越多）。因此，公式（5.3）变为如下形式：

$$E_D = E_D\left(\frac{m/i}{W/P}, \frac{H_k}{H}\right) \tag{5.4}$$

其中，E_D 表示分配过程中的平等性、公平性和正义性，函数中第一个分式体现资本增值（m/i）与劳动力"增值"（W/P）的差异，P 表示价格水平；[②] 资本的增值是劳动力创造的价值扣除所有成本，劳动力增值则是由资本决定的工资减去物价上涨，因此我们得到：

命题 2 资本的增值与劳动力增值二者的比值越大，表示分配的平等性、公平性越低，贫富差距越大，经济发展模式优化性程度越低。

因为劳动力创造的剩余价值越多，资本增值越大，但工资并不会因此而改变，于是资本所有者获得了更多的资本，也就拥有了更多的支配劳动力的权力，也就可以占有更多的剩余价值，从而社会的贫富差距会更大。

---

① 住房、教育、医疗、社保定义构成中国改革开放后形成的"核心消费"。关于这四种领域的资本私有化对中国社会产生的影响，参见龙斧、王今朝（2009d）。

② 与宏观经济学的分析不同，这里的价格受制于资本权力（是资本的函数），因而具有政治经济学的含义。这就使得本公式的第一个分量与公式出现差别。

在函数中第二个分式中，H_k 表示资本占有者人数，H 表示社会总人数，而 $E_{D1} > 0$，$E_{D2} > 0$。于是，我们有：

命题 3　如果资本占有者与社会总人数二者比值越小，即有越多的人提供了被无偿占有的增值，社会平等性、公平性越低。

综合考虑资本的积累、生产与分配，资本社会属性对社会平等、公平和正义的影响，就是资本在积累、生产与分配中具有的社会属性对社会平等、公平和正义的影响的函数，因此，我们可以得出下述公式：

$$EQ = EQ(E_A, E_P, E_D) \tag{5.5}$$

EQ 表示资本为实现其本质特征——资本增值而不断循环的过程中所体现的平等性、公平性和正义性，EQ 越大，经济发展模式优化性程度越高。于是我们得到：

命题 4　资本在积累、生产、分配中每一环节的平等、公平、正义程度与经济发展模式优化性程度成正相关关系。[1]

这里资本又与人、社会无法分割，因此又产生各种权利与利益关系。[2] 与生产资料其他要素不同的是，资本占有权决定了对资本增值结果的分配、归属权。

这三个方面构成资本的包括经济属性在内的社会属性的本质所在。这也就是说，资本在实现经济属性时必然伴随社会属性和政治属性存在，从来就没有什么脱离社会属性和政治属性的"经济属性"（或"自然属性"）。否认其中任何一种属性都不是"科学发展观"。因此，只有从资本积累、生产、增值和分配的社会属性分析入手，检验它对经济发

---

[1]　这里的研究并不是说资本的社会属性和政治属性仅限于上述三个。我们只是谈论了资本和劳动的关系。而实际上，资本渗透到经济基础、上层建筑的各个部分，包括文化、法律、政府、教育、家庭生活。资本的社会政治属性是多元的、多方位的。我们这里的分析已经表明，它的社会属性和政治属性的客观性和严重性。

[2]　这其中也包括"主流派"无法回避的经济学问题——成本核算、效益、规模等。

展模式优化性的影响（即其对社会平等、公平、正义的内涵影响）才可能在方法上具有可靠性（Reliability）和合理性（Validity）。而那种以为"市场经济体系完善了，发展模式的优化性就提高了"或"资本增值了，发展模式的优化性就提高了"，显然在研究方法上缺乏这种可靠性和合理性。尽管一些"主流派"观点幼稚地把马克思排除在"经济学"之外，后者还是用经济学、政治经济研究方法科学地告诫这样一种可能——私有资本增值非但不会产生经济发展模式优化性，反而会产生社会矛盾、冲突，其规模越大、速度越快，社会矛盾和冲突积累的程度就越高、速度就越快。①

第四节　为什么资本不是价值创造的主体

马克思把劳动作为价值的唯一源泉，其《资本论》理论则围绕资本而展开，而西方经济理论则是不厌其烦地论证资本所有者得到收入的合理性，在现代更是直接把资本所有者得到收入视为不可挑战的公设。在中国一些"经济学家"那里，资本不仅不是"魔鬼"，也不是"婢女"，而是创造价值的"小天使"。对资本的赞美是怎样进行的呢？当中国有人提出时间就是金钱以后，社会就不再把这种企业管理领域的局限性命题当作局限性命题，而是当作普遍性命题了，它就被演变成为一个政治经济学命题了。使用资本不是可以节省时间吗？这样，资本不就创造了价值吗？② 而当这种建立在使用价值分析之上的理论成为一种政

---

① 看来，至少西方经济学是接受这一观点的（尽管嘴上不说），否则不会有"反托拉斯法案"等自马克思以来的成千上万条针对资本和市场经济运行的法律、法令、法规、法则。

② 除了生产资料这种物质资本之外，中国还出现大量把权力、专业转化为资本的现象，这为封建文化、封建意识的死灰复燃提供了土壤。关于中国经济社会运行领域所额外产生的不合法、不合理的交易成本，参见龙斧、王今朝《从交易成本看社会分配合理性对内需市场的影响》，《经济学消息报》2009年12月11日。

治经济学理论的时候，劳动价值论就被取消了。从价值论来看，资本根本不是价值创造的原因，而只是它的一个条件。条件和原因的区别在于，它不应该获得收入，它只能被补偿，而不能得到收入。① 这点在马克思政治经济学那里是老生常谈。然而，那些"经济学家"根本不予理会。这里，我们运用新古典经济学的分析框架来对新古典的资本创造价值理论予以归谬和反证，从而说明，为什么马克思的劳动价值论在逻辑上是科学的。

一　新古典经济学生产函数理论的逻辑谬误

主张资本创造价值的新古典理论认为，无论企业还是国家的产出都可以用如下的生产函数来说明：

$$f = f(x_1, x_2, \cdots, x_n) \tag{5.6}$$

其中，f 表示产出，而 x_i 表示要素投入，n 是"要素"种类的数量。如果该生产函数是一阶齐次的，那么有：

$$f = f_1 \cdot x_1 + f_2 \cdot x_2 + \cdots + f_n \cdot x_n \tag{5.7}$$

其中，f_i 表示 f 对 x_i 的偏导数。

新古典理论认为，现实世界的产出就是由上述"要素"决定的，并且"要素"使用乃是被支付了等于边际产品的实际价格。由于边际产品准确衡量了该要素的贡献，因此，该公式所代表的经济发展模式、经济制度是公平的、合理的、符合科学发展观的。它既可以解释增长，也可以解释分配。

---

① 马克思为资本创造使用价值保留了一个角色，即它可以成为使用价值的原因。资本的运转速度、耐力、精确性等属性为产品的数量、质量提供了手工生产所无法达到的高度，因而，资本确实可以成为使用价值的原因。既然使用价值与价值是对立的，那么，资本作为使用价值的原因就可以不作为价值的原因了。

然而，新古典经济学的上述生产函数理论是对欧拉定理的滥用。

第一，无论从唯物主义主义的观点来看，还是从经济思想史上看，上式中的 n 无法确定。从后者看，不仅萨伊的生产三要素学说被马歇尔推广为四要素学说，而且，就是技术自身的内涵也发生了很大的变化。原有的被看作是生产函数变化的技术被索洛看成是生产的余值，而索洛的这一新古典观点又被新古典的获得诺贝尔奖的 Becker、Schultz 的人力资本概念所改变（这是新古典学者反对新古典学者的例子）。[①] 后者认为，索洛余值所代表的技术很多属于人力资本的贡献。而人力资本的形成除了教育，还有健康、营养、在职培训等。把这些变量的每一项加入上述生产函数中，那就意味着 n 的增大。从理论上看，随着经济复杂性的增加，n 可以无限地扩大。不是很多人把现代社会看成是信息社会吗？[②] 信息也成为经济增长的要素。而对信息的细分就会导致 n 的增大。任何一个类似概念的内涵的精细化，都会导致 n 的扩大。而这种精细化的潜力是无限的，否则，人类的认知在这一问题上就达到了绝对真理。这种无限的增大无疑将导致每一个因素根据边际生产力计算赢得的收入份额趋于 0（如果存在 10 个因素就会让资本根据边际生产力应得的收入份额降低到 10% 以下），这与资本所有者获得 30% 以上的 GDP 份额相矛盾。这也说明，Cobb-Douglass 函数是一个伪概念。

第二，即使 n 确定，对任何一个经济体，都根本无法判定它是规模报酬递增、递减还是不变。毕竟，没有一个社会的生产过程是所有要素同时同比例地增加。这时，边际生产力原则还怎么应用呢？如果对一个

---

① 应该指出，索洛并不是一个持极端意见的新古典学者。他曾明确指出过新古典经济学的意识形态。

② 信息经济学家斯蒂格利茨出身自新古典，但在许多基本观点上反对新古典，尽管他在某些研究中也采用效用函数这种新古典的研究工具。中国学者如果能够做到斯蒂格利茨、索洛那种对于新古典的辩证的态度，中国今天的发展模式也许就会有很大的改观，尽管它离马克思主义所主张的发展模式还会相差较远。

根本无法用规模报酬概念来衡量的经济中的"要素"收入进行新古典式的决定，那无异于削足适履。Cobb 和 Douglass 对美国经济体的估计如果是建立在错误的要素设定的基础上（马克思主义显然是如此认为的），他们的拟合结果只是一种统计上的巧合而已。索洛余值的存在就是对他们的研究结果存在问题的一个证明。而 J. Robinson 所指出的测量资本数量的困难也证明了这一点。

第三，即使 n 确定，并且可以用规模报酬来衡量一个经济体，也没有任何理由保证这个经济体（不管是宏观的经济还是微观的企业）具有一阶齐次的性质。实际上，在人类社会的绝大多数时间里，生产函数并不具有一阶齐次性质。当这一经济体属于规模报酬递增时，按照边际生产力原则进行分配，就会出现剩余，这导致要么没有任何人认领这一剩余，也就是没有任何人能够宣称对这一剩余的生产负有责任，要么导致至少有一人得到了多于边际生产力原则所指定的收入；当这一经济体属于规模报酬递减时，按照边际生产力原则进行分配，就会出现短缺，就一定有人无法按照这一原则得到他"应"得到的。

新古典理论所存在的上述定量偏差被许多人认为是经济研究过程中必然存在的、不可消除的。原始的新古典边际生产力分配理论被看作是经济理论对实践的一阶逼近（first-order approximation），是当时历史条件下的误差许可范围之内，是人类认识由相对真理向绝对真理的必经之路。实际上，这正是上述理论发展者所采取的立场。可是，新古典的上述偏差根本不在科学意义上的误差允许范围之内。它是一个纯粹的假意识，是在资产阶级取得反抗封建地主阶级胜利后维护自身利益、压制工人和普通市民的精神鸦片。这是因为以下三个原因：

首先，从生产发展的角度看，公式（5.7）中"要素"自身的界定存在逻辑错误。按照马克思政治经济学，公式（5.6）是错误的。它应写成如下形式：

$$f = f(L) \tag{5.8}$$

而

$$L = L(K, R, \cdot) \tag{5.9}$$

其中，L 表示劳动力的数量、质量等。K，R 表示资本、自然资源、政策，$\cdot$ 则表示其他影响劳动力数量和质量甚至其使用地点、行业、产业的变量。公式（5.9）与公式（5.7）在方程设定上的不同意味着根本性的逻辑差异。前者坚持了劳动创造价值的马克思主义的基本观点，认为资本、自然资源只是劳动创造价值的条件，不是价值的原因，因而严格区分了劳动作为产出要素的意义与资本、土地作为产出要素的意义的不同。而后者把资本、土地放在与劳动同等意义之上，它们的不同只是因为各自数量不同导致不同的贡献而已。这种形式上的差别意味着逻辑上的根本的差异。

其次，公式（5.7）忽略了资本、土地以外的条件性因素的影响。在资本、技术、土地、劳动力质量和数量都给定的情况下，劳动力如何使用也对产出产生明显影响。比如，中国 1976 年时，一些国有企业通过各种办法获得了国际上先进的机床等设备。然而，这些机床在随后的年月里并没有发挥应有的作用，而是因没有适当的劳动力使用它被闲置、浪费了。这无疑使得中国的产出没有达到应有的水平。再比如，中国 1978 年后恢复高考，又在 20 世纪 90 年代实行了大学扩招制度，结果使得 1949～1976 年时期本来可以在工厂里就业的劳动力（Richman，1969）有更多的时间待在学校里，因而按照 Fogel（1964）的历史反证法可以证明，这降低了中国实际的产出水平。而根据对中印 1949～1979 年时期某一个阶段的比较，每万人大学生比率的上升是否提高生产率则存在疑问（Richman，1969）：印度在 1949 年拥有比中国更高的万人大学生比率，其人均 GDP 约为中国的 1.5 倍，但由于其种姓制度以及阶级对立，许多低种姓的在美国拿到硕士学位和博士学位的人也无法在现代工业部门就业，因为印度根本就没有这样的工业；而在中国由于"一五"计划，新的现代工业部门建立，农村劳动力流向城市，国家采取夜校、业余学校、自学、师范等办法低成本增加劳动力素质。这种技术、劳动力素质和其他政策的配合使得中国在 20 世纪 60 年代就在人均 GDP 上超过了印度。

最后，应用公式（5.7），即使对于传统的资本这一"要素"的衡量也存在很多偏差。根据 Robinson（1975）的意见，现实中存在的各种资本具有"生产率"上的根本性差异，难以加总。比如，对于一个企业而言，机床的有无和质量的高低可能是其能否加工出合格产品的关键，而这个机床所在的厂房却可以在造价上有很大的差异。这也就是说，同样一笔钱，投入到机床的购买和投入到厂房的建造具有不同的"生产力"。也就是说，不同数量的资本金可能带来同样的物质产出。那么，在宏观上还能测准一个国家的资本存量的"生产率"吗？今天，当中国的资本家用金钱去贿赂官员时，这在社会中应该算作具有生产力的资本还是不应该算作资本呢？

过去 60 多年，国富国贫成为西方经济理论中一个突出的问题。在国富国贫的决定中，有人认为物质资本最重要，有人认为人力资本最重要，有人认为技术最重要，有人认为制度最重要，有人认为市场最重要，有人认为国家干预最重要，有人认为创新最重要。可是，如果这些研究只不过是把上述框架失当的"要素"分析上升到国际比较层面，就必然导致国富国贫原因的不确定。也正是由于这个原因，上述所有观点都失效了。认为物质资本重要的观点无法面对索洛分析得出的资本要素贡献不重要的结论，认为技术重要的观点无法解释苏联的解体，认为市场重要的观点无法解释许多资本主义国家的不发达，认为国家干预重要的观点无法解释日本近 20 年的低增长，认为制度重要的观点同样无法解释许多资本主义的不发达，认为创新重要的观点并没有为发展中国家怎样创新提出一套宏观的方案，同时掩盖了资本主义的历史罪恶。

在国富国贫这一重大问题上的"不确定"是方法论错误的结果。方法论错误导致对国富国贫研究的简单化。本来，割裂开其他因素聚焦于某些因素的"部门经济学"是研究复杂问题的一种有效方法，但当实践者进入某一专门领域，认为由这一专门领域所得出的结论足以解释国富国贫这一整体性问题，就陷入"盲人摸象"的境地。这就使得西方提出了很多美化西方的看似正确实则荒谬的理论。比如，他们认为，美欧富有，乃是由于美欧的市场经济制度是有效率的，或者由于美欧鼓励创新，等等，不一而足，反正不是由于它们掌控了国际经济和政治秩序，仿佛资本主义国家的利润率不会下降，仿佛资本主义的经济危机不会发生，仿佛资本主义世界的道德不会沦丧。

综合以上，不能说新古典的生产理论是一种对实践的一阶逼近。它不是大体正确地描述了现实，而是具有马克思所说的黑格尔哲学的性质，即它是把世界颠倒了过来。由于框架失当和因果错乱，因此，当用它指导一个国家的发展模式选择时，只能导致发展战略和发展政策上的失败。

二　劳动价值论作为生产理论的科学性

新古典经济学生产理论研究上的偏差是由于框架的错误，它基础上的宏观经济学框架自然也不可能科学，尽管西方学者试图割裂地研究宏观现象。马克思劳动价值论是一种宏观和微观一致的生产理论和价值理论，它的基本观点以及与它相联系的许多观点经过了许多西方理论的检验。比如，马克思关于公有制经济优越性的观点得到了 Ostrom（1990）基于公共资源基础上的集体治理有效性理论的支持；马克思关于工资并不构成主要激励的观点得到了管理学中霍桑研究等的支持。[①]　等等。基于大量研究，我们认为，中国未来发展模式的选择可以用对现实经济做高度抽象（比如抽象掉政府、军队等）之后的公式（5.9）的如下分析来说明。

当考虑发展模式所遵循的基本原理时，可以假设整个国家只有劳动者，不考虑退休者、儿童等非生产性人员的存在，也可以把那些一般认为属于服务性行业的人员去掉。马克思把所有的劳动分成了简单劳动和复杂劳动。在现实中，复杂劳动并不是只有一种。中国 1949～1976 年时期有八级工。这八级工制度就是不同复杂劳动的一种认可。假设当时的中国只有这八种劳动者，设 L_1，…，L_8 为各类劳动者的数量，再设他们的每单位时间的劳动生产率分别为 PL_1，…，PL_8，再假设这八类劳动者工作同样的时间（如 8 小时），于是我们有如下关系：

$$f \propto L_1 \times PL_1 + \cdots + L_8 \times PL_8 \tag{5.10}$$

值得指出的是，f 在这里的含义与公式（5.7）中不同。这里，它是指价值。而在公式（5.7）中，一般指货币数量，即便是用不变价格计算的货币数量。[②]

毋庸说，就是从公式（5.10）这一正确的公式自身看，也存在许多不确定的因素，但是，假如我们认为经济发展模式优化性必然意味着平等、公平、正义、合理的经济利益关系（龙斧、王今朝，2011），那么，至少就人类目前的经济学知识而言，根据劳动价值论所得出的上述生产函数是最科学的，考虑到中国具体的国情、特色，把公式（5.10）作为中国的生产函数理论的科学性远远超过了把公式（5.7）作为中国

[①]　在霍桑研究中，克莱尔·E. 特纳把引起产量增加的因素按其重要性排列为：①组成小团体；②监工的类型；③收入增加；④对实验的新奇感；⑤由于公司官员和其他调查员对试验室工人给予的关注（雷恩，1997）。

[②]　关于价值与价格之间的理论关系，参见王今朝、龙斧（2011b、c）。

的生产函数理论的科学性。

然而，科学并不意味着没有困难。这一点也要有充分的估计。首先，各类劳动者的数量就因为各种原因无法准确统计。比如，对这八类劳动者的分类本身就很难。中国在历次土改过程中，确定农民的贫农、中农、富农、地主的身份就很难。这种文字上的简单叙述可能相对应的是当事人生命的代价。在今天，中国的各类职称评比中存在的"大跃进"现象和"走后门"现象说明，确定适当的工资也不是件容易的事情。

其次，各类人的劳动生产率即使能够衡量，也并不恒定。每一类人的劳动生产率所受影响可能受下面公式支配

$$PL_i = PL_i(H, ED, Di, Po, Py, \cdot) \tag{5.11}$$

其中，H，ED，Di，Po，Py，· 分别表示这一类人的健康、教育水平、自然灾害、政治、政策以及其他因素。比如，Myrdal 指出，20 世纪 50 年代的南亚人的劳动生产率受到健康的影响。他们只要食物供给得到保障，劳动生产率就会显著提高。这种规律在发达国家并不存在。在中国"大跃进"期间，由于发展的不均衡，因此，存在某些行业的需求不足。比如，由于自然灾害，商业部门没有什么农产品物资去收购，因而表现出人浮于事。毕竟，不能很快就把这些工人转移到其他企业中去。在"文化大革命"期间，当人们都去参加政治运动的时候，他们的生产率也会受到影响。当国家的政策不再支持国有企业的时候，国有企业的资本也会闲置起来。教育对生产率产生影响的机制可从第一部分的分析看出。其他因素可能是社会普遍存在的心理状态。

尽管存在上述问题，尽管 H，ED，Di，Po，Py，· 以及 L_1，…，L_8 自身可能服从随机过程，并且随机过程产生的根源在于这些变量自身有无和大小以及它们组合、相互作用的随机性，但这种随机性所产生

的偏差比资本主义条件下的按资分配的错误要小很多了。也就是说，社会主义的生产和分配依然会存在矛盾，但这种矛盾不再是资本主义社会中带有对抗性的资本雇佣劳动所产生的消费不足、金融危机、经济危机、政治危机、环境危机、资源危机等对抗性矛盾了。也正是因为如此，西方发达国家一方面在经济发展过程中根据自身特性逐步建立起来某种独特竞争优势（distinct competitive advantage），如日本在技术创新（t）与市场开发（m）上，瑞士在其金融体系（fs）与管理上，德国在工程开发能力（s）上，美国在资源（r）、技术、资本（k）、人才（it）的综合配套、有机结合上。这些各不相同的其他变量 t、m、fs、s、r、k、it 解释了德国、日本、美国、瑞士为什么创造出自己国家的独特竞争优势。另一方面，它们也在积累着巨大的矛盾。这正是因为西方国家的独特竞争优势中又夹杂着新古典经济学的成分（如它对独特竞争优势建立和发挥作用过程中创造出的工资和利润所做的社会性分配）。中国 1949～1976 年时期在马克思的劳动价值论基础上也创造出自己的独特竞争优势，却并没有产生资本主义的矛盾，这主要并不是中国生产发展还不发达的缘故，而是中国那个时期近乎较为严格地遵循了马克思主义关于生产方式乃生产力和生产关系辩证统一原理的结果。

所以，尽管公式（5.11）相对公式（5.7）更为简单，却能用于提供一种科学的生产理论，这种生产理论确认劳动是价值的唯一源泉（不排除自然资源构成财富），否定了不同劳动之间巨大差异的合理性，并且承认生产函数对于劳动数量、质量和空间行业配置的非线性关系。从现有理论看，只有在上述生产理论基础上，中国发展模式转型才能既解决生产的增长问题（如果增长确实正当的话），又解决收入的分配问题，还能减轻环境和资源的压力，实现可持续发展。

很明显，如果认为，只有劳动才是创造价值（财富的主要构成部分）的源泉，那么，无疑，公有制企业乃是最正当（the most justified）

的价值创造主体的组织。也只有在公有制企业里，产出才能得到平等的、公平的、合理的、科学的分配。实际上，公有制企业不仅最正当，还是最经济的价值创造主体组织。由于它消除了少数人凭借资本所有权获得剩余的索取权，公有制企业作为一种组织、一种制度的成本相对其他组织方式（奴隶制、封建制、资本主义）是最低的，因而所产生的社会剩余（可能表现为利润）是最大的。因此，如果其他情况一样，为了得到同样数量、质量的产出，相对于其他所有形式的企业，公有制企业交易成本最低。①②③

三　结论

本章从资本所具有的共性入手，结合中国经济转型的特性，对资本

---

① 今天，中国有不少人把仅存的国有企业问题归结为垄断，并试图衡量其数量关系。然而，这种观点不仅缺乏逻辑的严谨性，而且缺乏基本的定性分析能力。根据马克思的理论，甚至根据现代西方市场经济理论（如 J. Robinson 的垄断竞争理论或熊彼特的创新理论），无论是资本主义还是社会主义，资本积累、集中都是最基本的宏观经济规律，与行业、产业、区域无关。鉴于此，垄断是任何一个国家经济的基本趋势。因此，基于垄断来攻击国有企业是错误的，衡量垄断对各种其他变量的影响也是不必要的。因为从两分法来看，如果不是国有企业垄断，就是私有企业垄断（这里，中间道路是行不通的）。国有企业即使存在问题，也比私有企业导致的问题（如利润率下降趋势导致的经济危机、金融危机）要小得多，容易解决得多。欧洲急急忙忙、心急火燎地从 1948 年开始就要建立欧洲联盟、煤钢联营、共同市场、原子能联营、关税联盟、欧洲议会、欧洲共同体、欧洲货币，而中国一些人却要反垄断，岂不是咄咄怪事，岂不是逆历史潮流而反动。

② 比如，欧洲、美国今天的生产能力利用率只有 80% 乃至 70%，资本主义经济增长速度从 20 世纪 60 年代的 10%（日本）、5%（欧洲）、4.5%（美国）分别下降到 2010 年的 2%、0%、1%。

③ 资本主义平均利润率下降的历史进程如何还会受到多种因素的影响。比如，对于美国，如果没有对印第安人的种族灭绝，没有奴隶贸易、奴隶制度、第一次世界大战、第二次世界大战，就没有其战后的地位。如果它不受利润率下降规律的支配，那它就不需要这样做。而 20 世纪 60 年代欧洲的发展得益于妇女和移民（大多生活在贫民区）的低工资、差异性工作条件，妇女还要忍受其他压迫（如流产、性侵犯）。又比如，1942 年贝弗里奇报告要英国奠定了福利国家的基础，对疾病、意外、失业、养老等大风险、大需要实行社会保障，让人们对明天的忧虑逐渐消失，让人们放心今天去消费（阿尔德伯特等，2000），从而延缓了利润率的降低。还比如，正是由于中国生产力落后，欧美的竞争力才较强，从而其平均利润率才较高。资本主义在耗尽那些维持其平均利润率的因素。

从产生到实现的过程展开分析。首先，资本的本质特征和根本目的就是要在不断循环的过程中最大限度地实现增值（即资本的经济属性），而在这个过程中的每一个环节都集中体现出人与人、人与社会之间的根本利益关系：资本的积累如何实现、资本的增值采用何种手段、资本增值的结果如何分配、剩余价值由谁占有、占有多少等。正是这些关系构成了不可否认的资本的社会和政治属性。一方面，资本在市场经济条件下的利润、生产效益和促进社会商品发展、满足消费者需求的功能自然不应予以否认。但另一方面，它在积累、投入、生产、分配、再投入的循环过程中所蕴藏的不公平、不平等性也不可否认，即便在正常运行过程中它会带来、产生社会和经济问题这一特征也无法否认。其次，资本的经济属性的完全实现（效益的提高、生产的增长、价值的创造）不会自然或必然导致经济发展模式优化性，这也是其最大限度实现增值的根本目的所决定的。如果用经济属性代替社会属性和政治属性，用前者抹杀或掩盖后者，经济越是发展，发展模式的优化性就越趋于下降。中国1927～1937年这个阶段被许多学者称为经济发展的"黄金十年"，但仍不能使社会稳定、和谐。可见，认为经济发展后资本所产生的社会冲突和矛盾、公平性和平等性问题就会自然解决的观点不仅在研究方法上存在学术科学性问题（如变量影响的合理性、可靠性），而且是思想观片面性、极端化而导致的一个理论误区。

资本在循环过程中所蕴藏的不公平、不平等性所带来的经济与社会问题、矛盾和冲突不仅影响经济发展模式优化性，而且可能会反过来影响经济发展的效益。这一定律已被西方资本主义经济发展史一再证实。因此，经济学的任务不仅是要研究怎样发展经济或经济应该怎样发展才能够更快、更好、更多地创造资本增值，而且应当涵盖所有影响经济发展和经济发展所影响的领域。西方经济学的发展似乎意识到这一点，其研究领域和范畴超出"利润""效益""总产值增加"的范畴，从而得以揭示表面并非经济学问题的经济学实质，将原来非经济学研究现象通过发展和发现纳入其轨道。尽管有些现象、行为、规律和理论违背"主流经济学"所划定的研究范畴——经济学就只是关于"利润""效益""产值"或怎样最大限度地使资本增值的"研究"，但西方经济学做出了自己的选择。而被称为"极端资本主义市场经济"的美国，今天在经济政策和发展取向上也不受"主流经济学"的全面控制和绝对影响。那么，实行了几十年社会主义，以马克思主义（"马克思主义中国化"不是亚当·斯密化）、毛泽东思想、邓小平理论、"三个代表"重要思想、四项基本原则、构建社会主义（社会主义"初级阶段"不等于原始资本主义）和谐社会为指导思想的社会主义中国，在多大程度上受到这种"主流派"的影响，是一个带有经济学性质的理论与实践选择。一个国家、社会、民族是否非要等到经济像美国一样发达才注重资本的社会属性？经济学才开始研究资本的社会政治属性？才注重经济发展过程中社会和人之间的平等、公平、正义？如果回答是肯定的，那不是中国特色，而是多少有点欧美特色。而一个国家、社会、民族的经济像美国一样发达时资本实现所造成的问题是否会自动消失？对此，所有摆脱思想观和意识形态极端性并采用科学研究方法的西方经济学理论，包括一些"诺贝尔"理论，都已得出否定的结论。

没有科学的理论指导，就没有科学的行动。矛盾越多发、频发，就越需要科学的行动，寻求科学的理论指导就越重要。上述分析表明，新古典虽然侵入中国，对中国产生了巨大影响，但它的诸多理论，特别是生产函数理论是错误的。本书假设它正确，运用西方经济思想史中的辩证法因素，即那些西方学者所研究的新的影响生产的变量进入到新古典的生产函数，结果表明，资本的要素收入无法确定，而且随着考虑的因素越来越多，按照新古典生产函数的逻辑，资本的要素收入应该越来越少，它的极限应该是0。这与马克思劳动价值论否定资本能够对价值生产提供生产性服务因而资本所有制不应该得到收入的观点是一致的。也就是说，我们由新古典的理论证伪了新古典理论，证实了马克思的理论。这表明，中国目前流行的新古典的那种要素分配理论完全是错误的。它的逻辑只是表面上正确，而实际上是荒唐的，经不起经济思想史逻辑的验证。反过来，马克思认为资本在价值创造中只转移价值不创造价值的观点应该就是一种合理的、科学的处理。对马克思的劳动价值论的证实和对新古典的证伪表明，是前者而不是后者应当成为中国未来发展模式选择的指导性理论。本书最后一章再从市场与制度的因果关系的角度进行分析，这一分析既是本章基本理论的运用，也是对本章结论可靠性的一个检验。同时，它本身也是中国经济理论界普遍存在的一个理论误区。

第六章
制度是因，市场、价格是果

　　第五章的分析表明，资本的所有制属性在决定发展模式的变量体系中居中心地位。据此演绎，市场机制的完善程度在影响发展模式的变量中就不可能是最显著的变量了。那么，市场机制与发展模式的关系究竟是怎样的呢？本章我们论证，二者之间首先是发展模式决定市场机制的关系。本来，中国 1949～1980 年时期没有什么市场经济，商品经济概念的合法性都存在疑问。因此，从逻辑上看，如果承认那一时期的发展模式的存在性（以及优化性），就不得不承认，市场机制作为发展模式的决定变量不可能是一个普适的规律。甚至可以设想，假设中国1949～1980 年采取市场经济的发展道路，结果是什么呢？结果将是中国无法建立一个现代化的工业体系。因此，市场机制在一些条件下作为发展模式可能是极端有害的。问题是，在今天中国经济复杂性程度大大增加的条件下，这一命题是否需要改变呢？是否如新古典所说，市场化配置方式相对计划方式在分配、使用有限资源上更具有效益性和优化性，无疑应在经济发展中发挥"基础性作用"呢？在发达的资本主义国家，市场机制与发展模式的逻辑关系怎样呢？为了回答这些问题，我们就不得不研究市场与其他重要事物之间的关系。辩证法主张，一个事物是在与其他事物的联系中确定自己的本质的。由此，市场经济的本质得以揭示，而中国和西方的新古典经济学理论的科学性被证伪。

第一节　"市场配置资源"能否作为经济发展模式的基础

新古典的市场经济理论以资源配置理论自居，而每一种发展模式都无法脱离资源配置问题。那么，市场化资源配置能否作为中国的发展模式的基础呢？新古典经济学把资源配置定义为满足人们各种需要或欲望（效用和利润）的有限经济资源的分配、使用，并论证唯有市场机制才具有资源配置的效率性。许多中西方学者已经从一般均衡理论神学性质、市场失灵等角度指出，没有纯粹的市场化资源配置这样的事情。可是，部分由于他们的批评火力较弱，未能深入本质，"市场有效配置资源"神话依然在中国盛行。在那些过度市场化的领域（如城市的蔬菜批发、大学教育、住房、医疗等）去市场化明显会带来发展模式的优化却无法解决。因此，这里有必要对在和平、充分就业情况下的市场本质加以进一步剖析。

一　没有纯粹的市场化资源配置

第一，从历史唯物主义角度看，市场经济在人类历史更长的时间里并不存在。马克斯·韦伯指出，人类社会早期的贸易发生在不同民族之间（如中国与欧洲通过丝绸之路进行的贸易），而非同一部落的成员之间，它是一种外部现象，仅仅面向外部部落。即使在内部市场出现之后，直到中世纪前，欧洲都是外部贸易主导着内部市场。也就是说，从历史上看，市场并不是资源配置的主要方式，当然也谈不上是资源配置的基础性方式。资源配置的市场方式仅仅是在现代资本主义开始发展之后才逐渐兴起的。即使在亚当·斯密时代，市场配置资源仍然不是占统治地位的现象，否则就难以理解斯密理论在当时产生的影响。其实，即使在亚当·斯密之后，西方在进行对外经济贸易时，也并未遵循自由贸易的原理，否则怎么会有鸦片战争、资本主义奴隶制资源配置和各种类型的殖民主义经济呢？尽管自由竞争全盛时期的英国较为全面地实行了市场配置资源，但也只是对内经济发展而已。

第二，从辩证唯物主义角度看，市场不可能脱离生产者和消费者而存在，因此，市场作为交换发生的机制，其配置消费品、投入品的效率效益（包括帕累托效率）的合意性取决于生产者和消费者讨价还价能力的对称性程度。当任何一方的讨价还价能力稳定地、长期地压倒另一方时，市场交换的平等性、公平性就会丧失，而这种讨价还价能力越不对称，市场交换的平等性、公平性程度降低得就越厉害。白居易的《卖炭翁》"半匹红纱一丈绫，系向牛头充炭直"已经充分地、形象地说明，在一个"买方垄断、卖方竞争"的市场上市场交换的不平等程度怎样决定，而"卖方垄断、买方竞争"下的交换的不平等性可以由中国房地产价格水平来说明。当一个国家的企业都把利润作为自己的最重要目标时，一个国家的政府都用利润指标作为考察其企业领导人的管理水平时，既然流通领域是价值实现的必要环节，那么，这个国家的企业，无论国有还是私有，都会增强自己在市场经济中的讨价还价地位。如果国家此时没有相应的制度限制，那么，官商勾结就成为不可避免的了。本来，分散的消费者就在市场交换中相对于有组织的企业处于讨价还价的劣势地位，当官商勾结形成后，消费者的地位就越发下降。于是，类似中国房地产这样的畸形价格也就形成了。因此，市场的性质是由生产者和消费者讨价还价能力的相对性及其影响因素决定的。

第三，从制度经济学角度看，市场的发展水平、范围、规模是由其相对于企业的交易成本的高低决定的。科斯认为，企业是科层制度，在交易成本上才具有不同于市场的特征，因而对于组织某种产品或某种生产规模水平上的产品的生产具有相对于市场的交易成本优势。这种观点揭示了这样一个事实，企业作为市场的对立面而存在，在资源配置中取后者而代之，这是在现代经济社会中不断出现的事物，是规律性而非偶然性的现象。[①] 因此，单从科斯理论看，所谓市场的资源配置优化的无条件性就完全属于西方学院派炮制出来的一种"客观幻觉"（即把对客观的错误认识当成客观本身），是一种神话和假意识。怪不得科斯总是批评新古典经济学是黑板经济学。

第四，再从中国实证经验看市场化理论指导下的实践产生了怎样的结果。首先，按照市场经济理论，当社会大量资源、资产、资本被市场机制引入某一经济领域（如房地产业）时，消费者将享受数量更多、质量更好、价格不断降低的产品/服务，从而体现资源配置的效益性和优化性。然而，在实践中，在"生产什么""如何生产""为谁生产"上，这个机制本身并不存在于社会的真空状态。除了"看不见的手"还有许多其他"看不见"或"看得见的手"在影响、控制和操纵。在一些商品生产领域（如牙膏）的资源配置上，市场机制较容易起主导作用。而在类似西方军火产业的领域里就会有多只手在影响、控制、操纵社会资源的使用、分配和流动模式，这就使资源在使用或分配时丧失合理性成为可能。在中国，市场化、商业化是在公有制基础上开始的，在房地产和教育、医疗、社保（核心消费）引入大量社会资源、原有资产、现有资本并决定谁利用、谁获利过程中，都有多只手在起作用，社会分配合理性问题无法回避。其次，当大量社会资源配置供核心消费的生产领域时，加上竞争和价格机制，加上中国消费者总量（这些领

---

① 这里，不妨把科斯的分析与新古典一般均衡分析做对比。科斯的分析建立在坚实的唯物主义基础之上（没有数理），而一般均衡分析建立在一系列神话假定基础上（大量使用数理），结果前者科学性远远高于后者。

域的服务和商品都以人口数量为消费终端），加上资本密集型性质，这些领域就应该产生经济的规模效益。然而，一种与市场经济规律不相符的悖论现象却出现了：一方面应有的规模效益没有达到，另一方面少数人却能够在短期获得暴利。从这一点看，资源的社会分配合理性也就丧失了（毕竟中国这样一个巨大的消费市场里，有限的土地、教育、医疗等资源的配置和使用不应该为少数人的暴利而存在）。再次，本来市场机制下的资源配置有其监督作用，即当某一领域效益不好或生产过剩时，资源、资本对它的流入就会降低，流出就会增加。然而，这些领域资源配置的特殊性和因此产生的运行模式特殊性使这种监督功能（如价格机制、金融杠杆）丧失。中国房地产业在上述三个方面表现出的社会分配不合理性可以说是市场化改革无法改善资源配置的一个典型案例。

或许有人会说，上述市场化过程中产生的问题可以通过市场化的完善加以解决。这个观点是否成立呢？当科斯考察企业兴起的原因时，这些企业是否面对的是不完善的市场呢？是否只要市场完善了，企业就不会出现了，一切资源配置就会交给市场来做呢？这两个问题就表明，任何市场经济都不能离开企业而存在。但如果企业的垄断（作为一种权力组织而存在）构成了对市场本质的决定性因素，那还有完善的市场经济的说法吗？当资本主义从自由竞争发展到垄断（列宁、琼·罗宾逊和钱伯伦意义上的）阶段之后，原来一个个原子式的企业或死亡或变成了经济的庞然大物，英美国家几乎每一个行业都被少数几个寡头所垄断，社会的资产、资本、产出等经济资源集中到少数大公司手中。也就是说，即使没有政府介入，市场运作也受到种种权力的影响。那请问这种市场发展是趋于完善还是趋于不完善呢？如果是完善的，那西方政府为什么还要确立那么多干预市场的法规呢？这不是有意与自己所代表的阶级为敌吗？如果是不完善的，那什么时候算是完善呢？那一方面反对政府干预市场，另一方面不反对企业垄断权力在市场上兴风作浪，这难道不是双重标准吗？而这个双重标准掩盖下难道至少不是愚昧无知吗？这种愚昧无知表现为对以下事实的无动于衷：在现代西方的资本主义市场经济中，是私人垄断权力在支配着资源的配置，支配着市场的运作。因此，如果不加区分地限制政府干预、无条件地限制国有企业进行完全竞争市场，那就意味着给私人资本让出庞大的利润空间，这样，我们就回到了第四章所讨论的主题。

二　资源配置决定因素的多元化

如果市场本身性质由生产者的资本所有制性质决定，同时政府具有其阶级属性，那么，所谓的市场配置资源就是资本所有制在决定着资源的配置了。这个命题可以从以下方面加以进一步说明。

第一，即使按照新古典的资源配置的定义，市场或价格并不是唯一决定资源配置的变量。不是吗？新古典经济学的"资源配置"是给定收入下消费的最优组合和给定成本下投入的最优组合。这种特殊的"资源配置"本身就已经包含了诸多限定性。比如，如果工人在资本榨取剩余价值规律支配下只得到微薄的工资，则他们无论如何优化消费，都只能是仅仅维持自身生存，谈不上什么优化（更谈不上人的自由发展）。再比如，如果工人根本没有什么剩余，从而也就根本不能如资产拥有者那样存在生产上的资源配置优化问题。因此，新古典经济学所关心的这种资源配置并不能由它自己的理论加以说明。

第二，在现代市场经济中，新制度经济学指出，由于交易的复杂性，除了价格之外，还有数量、质量以及其他许多可供调整的维度（巴泽尔，1997）。特别是，企业作为对市场的替代，也就是一种层级组织对自由的价格机制的替代，使得价格本身根本无法独立发挥资源配置机制的作用。

第三，价格可能起到与新古典经济学主张完全相反的作用！对利润的追逐并不限于生产，也并不限于商品领域。在金融化、证券化的世界里，投机逐利行为的存在导致西方社会出现了规律化的金融危机现象。在金融危机的酝酿阶段，即市场表现良好的阶段，当价格上升时人们对商品的购买更多，因而加速其上升；而价格下降时，人们的购买减少，加速其下降。也就是说，价格本身作为一个信号，可以导致市场的不稳定。从资本主义的历史看，只要允许金融发展，只要条件适合，金融市场的不稳定就是必然的。而由于金融市场与实体经济有着千丝万缕的联系，当金融市场崩溃时，实体经济也不能不受影响。2008 年至今的西方经济形势发展表明，实体经济所受影响可能非常大。[①]

第四，马克思所关心的"工资－利润"关系是更为根本的"资源配置"。这一资源配置与新古典的资源配置不同，它为后者设定了所能达到的程度。普通的消费者如果没有因工资利润关系调整而获得经济地位的根本改善，则无论怎样奋一己之私智，都无法摆脱社会之网的束缚。更不用说他们还深受制度、习俗等社会性、政治性因素的影响了。这充分说明，市场经济下人与人的关系的本质不过是资本增值、利润最大化、雇佣劳动力（即马克思所说的工资奴隶）、剩余价值榨取、劳动力需求由资本增值和利润保证来决定，市场经济只是资本主义的代名词而已。

三　市场机制相对计划机制的高交易成本属性

上面我们论证了即使在分散化的经济中，市场机制都不是唯一的，也不是最具决定性的资源配置机制。科斯也说明，企业是与市场相对立

---

① 2008 年，是美国 IT 泡沫破灭后的第 8 年。这时，西方的投资热潮已经消退，新的投资机会还没有到来；而中国经济持续增长，民族势力不断扩大。这就不能不挤占美国实体经济的利润空间。当此之时，美国的国内精英就不遗余力地寻找利润机会。他们打着关注民生的旗号，找到了房地产这一领域。

的组织和制度。其实，市场的对立面还有一个，那就是计划机制。对于诸多关系一国经济发展模式优化性的变量来说，相比市场机制，计划机制是一个更为优化的手段，其交易成本要低。

第一，资本主义下的工资－私人利润比例就已经意味着资本主义市场经济的高交易成本属性。在市场正常运作条件下，那些资本的所有者和管理者获得了巨额的利润、利息或薪金。而如果竞争真正得以实施，这些所有者和管理者的收入将会下降较大比例（如 6000 万元的年薪下降到原来的 1% 后依然高于绝大多数一般国企工人工资）。而当竞争无法保证时，这些利润、利息或薪金就构成一个国家经济发展的交易成本，并且是一种可避免的成本。这些成本本来可以用于向社会其他人群提供经济保障。这些成本的存在本身就是非人性、非人道的，是阿马蒂亚·森所说的社会剥夺，也是科学发展观所不能容忍的。否则，就是把非科学发展观说成是科学发展观。

第二，中国实行市场经济的条件劣于西方实行市场经济的条件。①西方市场经济所"表现"出的绩效是与它们对外殖民、对外战争、对外扩张、对外掠夺、对外欺骗分不开的，也是与法西斯主义、殖民主义、帝国主义、马基雅维利主义、新殖民主义、门罗主义、门户开放主义、霸权主义分不开的。有研究指出，日本的现代化过程离不开中国甲午战争失败后支付的赔款。那么，中国实行市场经济是否有这样的条件呢？可以说，已经没有了。因此，中国实行市场经济的结果一定没有西方来得好。②西方实行市场经济几百年，中国实行市场经济 20 年，中国企业更熟悉市场经济的规则、规律还是西方企业更熟悉市场经济的规则、规律呢？如果 20 世纪 40 年代中国共产党的军队按照黄埔军校的军事教科书行军打仗，是否能够战胜国民党军队呢？当中国企业按照市场经济规律安排其战略时，西方企业早已经在前面给中国企业安排好"口袋"了。照此看来，中国经济发展模式想要依靠市场机制取胜，那希望是渺茫的！③世界的资源、能源已经在西方化的所谓市场经济模式下消耗许多，中国用同样的机制来获得同样的资源、能源的成本上升，这注定导致中国实行市场经济的效率低下。④西方企业在所谓市场机制下已经消耗了许多人类的科学技术发明所创造出来的利润机会，不仅利用原有技术获得利润的空间留给中国企业的已经不大，就是利用新技术获得利润的空间留给中国企业的也很小。美国的金融危机必然反映了其利润空间的狭小化，否则，它们可以凭借高科技获得高利润，而无须通过金融交易再分配的手段获得利润。如果连欧美日企业都已经受到利润空间狭小的限制，中国的企业想要通过市场机制取胜，那就"难于上青天"了。⑤西方很少使用计划机制，即使使用，范围也较为狭隘，而中国在计划机制的使用上拥有较悠久的历史、较成熟的经验和较丰富的条件。由此来看，至少就某些任务的完成和目的的达到而言，计划经济对中国的适用性程度较高。

　　第三，中国经济发展模式的物质基础方面依赖于中国所掌握的世界先进的技术，对于获得这些先进技术（不管是原创还是模仿）而言，市场机制并不可行。大量文献将技术进步看成是企业的事情，其实不然。一些关键技术局部化效应极强，只需要较少的资本和劳动，就足以超越资本密集程度较低的同类技术。① 这样，一个企业的创新就可以导致其他企业的毁灭。而其他企业往往是在此类产品生产的第一线，与政府官员进行着密切的沟通。其企业毁灭的可能性足以诱使其说服政府官员限制此类技术的开发。这既加重国内矛盾，又阻碍国内经济进步。这说明，企业在进行有关技术进步决策时无法避免政府的介入。而为了确保政府介入的正当性，同时保证技术进步速度、方向的优化性，采用政

---

　　① 约瑟夫·斯蒂格利茨：《关于技术变革的新观点》，载约瑟夫·斯蒂格利茨《微观经济学：不确定与研发》，中国金融出版社，2009，第 271～276 页。

府计划的办法要优于那种市场化的办法。考虑到政府在许多不必要的项目上花费巨大，政府在技术进步上的资金浪费一些，相比之下问题较小，而利益极大。①

对于计划机制在促进技术进步方面的优越性的忽视，是中国过去30多年改革开放中一个颇为明显的错误，也是导致中国今天即使在生产关系方面发生转型的一个瓶颈。本来，中国无论人口还是政府组织能力，都远远超过西方国家，如果中国使用这些优势获得了在原子弹、卫星等方面的巨大优势，那么，实现汽车、飞机、计算机的国产化应该是早已完成的事情。可是，一旦使用市场机制，国外有现成的技术，其企业在长期利润的诱导之下，就会诱使中国企业与其合资生产。如果这种企业战略被中国所接受，那没有任何一个私人企业能够抵抗这种风险，而中国的自主品牌就不可能出现。这是中国过去30年中所承担的一个巨大的可以避免的交易成本。

第二节　价格水平从来不由供求决定，而由制度决定

新古典理论的一个基本观点就是价格水平由供求相等决定，因而只有市场能够协调供求。这个观点在第二章的分析中已经被打破了，但那套供求分析怎样从数理的角度剖析呢？马克思曾经指出供求决定价格作为一个规律的假意识性质："供求关系并不说明市场价值，而是相反，市场价值说明供求的变动。"（《马克思恩格斯全集》，第25卷，人民出版社，1985，第203～206页）然而，对于马克思的这个高度抽象高度概括的观点，一般学者由于缺乏足够的辩证法知识无法理解，或者对它束之高阁，或者认为马克思也是主张供求价值论。这是造成中国出现发

---

①　这说明，西方的那种成本收益分析方法不大适合进行研发项目的评估。

展模式的市场经济决定论的一个理论误区。这里交叉运用辩证法、新制度经济学、政治经济学、数学观点和方法，对马克思的这个观点加以现代性诠释，以求在价格理论上进行正本清源。

这里，我们不再对供给曲线和需求曲线的存在性进行讨论①，而是假设其存在。虽然从垄断角度看，与完全竞争下平行意义上的供给曲线并不存在（垄断厂商的边际成本曲线并不是其供给曲线），需求曲线也不易得到，但我们可以把曲线理解为集值映射所对应的轨迹。下面，我们假设供求理论成立，通过推出它的不成立揭示这一理论的内在矛盾。结果，这种试图替代马克思理论的供求决定价格的理论的科学性也就不存在了。

一 "供求决定价格"命题的非科学性

无论是基于微观经济学还是基于宏观经济学，"供求决定价格"这一规律性命题都可以写成以下一般性公式：

$$D(P,A) = S(P,B) \tag{6.1}$$

其中，D，S，P 分别表示需求、供给和价格，A，B 分别表示影响需求和供给的收入、天气、预期或者收入分配等非价格向量。所谓一般性，指公式只是涉及变量之间的映射关系，我们并没有要求需求、供给作为价格的函数。公式中如果涉及的是函数关系，并且函数性质良好，在 A，B 固定的情况下，它就是供求决定价格的含义。这个时候，公式可以写成如下形式：

$$D(P) = S(P) \tag{6.2}$$

公式是产生"供求决定价格"假意识的根源。这一公式把许多本

---

① 一些学者质疑这一点。新古典由于其极端性，可以说错误百出。从方法论的角度看，关键问题是找出其本质性错误。

来可以变化的变量都看成是静止不变的，把许多本来影响供给和需求的变量看成是与它们不相关的因素，因此就是一种经济理论上的形而上学。形而上学是产生假意识的方法论根源。① 这种方法论上的探讨在许多人看来简直就是空洞的说教，因此，我们需要对它作进一步分析，以明确它切实的内涵。

如果我们抛开过分简单化的公式而回到虽然简单但对于本书目的而言具有足够一般性的公式，把它改写成以下形式：

$$P = P(A,B)$$

(6.3)

对公式，我们可以讨论以下可能性，从中就可以发现供求决定价格规律的假意识性质。

情况 1：公式定义了一个从 A，B 到 P 的集值映射（correspondence）而不是函数。在这种情况下，同一个 A，B 的值对应不同的价格，因此，所谓供求决定价格不会产生一个单一的价格值。对于这一点，新古典经济理论并没有加以考虑。如果这点非常重要，不考虑它就会导致错误的结果。在现实中，没有人能够排除集值映射这种情况，而且，没有人能够保证任何一个 A，B 的具体值的映射是一个"面积"为 0 的集合。也就是说，供求决定价格规律下，价格是一个不确定的东西。它可能是两个、三个甚至更多个价格，而这些价格之间的距离（用范数表示）并不是无限小或者足够小（不同的价格体系至少代表了不同的社会福利分配）。

情况 1 有时可能是这样一种情况的表象，即 A，B 只包含了部分而不是所有影响供求的变量。在这种情况下，公式表现出的集值映射的性质，当考虑到影响供求的其他变量后，可能就不复存在，公式本身可能

---

① 　在哲学上，形而上学这种方法论产生的根源则是唯心主义的世界观。

成为一个函数。这就转变为下面要考虑的情况。

情况 2：公式定义了一个从 A，B 到 P 的函数。我们假设这里 A，B 包含了一切应该包含的影响供求的变量。在这种情况下，公式表明，供求根本不构成直接影响价格的变量。实际上，供求均衡没有告诉人们真实的价格是什么，而只是说明，价格与非价格变量 A，B 之间存在一个对应关系，那些非价格变量 A，B 才决定价格，供求均衡只是规定了一个对应关系而已。也就是说，任何一个给定的价格现实地取决于一系列非价格（客观和主观）变量是否"适当"。反过来，所谓供求决定价格实际上就是一系列非价格变量决定价格。[①] 这就说明，供求决定价格的新古典经济学观点是错误的。这些非价格变量与供求之间具有根本的差异性，根本不能混为一谈。

情况 3：按照西方理论，与价格管理更直接相关的是宏观供求。即使我们假设微观个体的需求函数存在，得到一个宏观的加总需求函数也是一个复杂过程。宏观加总需求函数并不一定具有微观个体需求函数的性质。比如，为了使收入分配对总需求不产生影响，就需要所有个体的财富效应必须一致，而这是一个极强的要求，不可能得到满足。[②] 这就表明，宏观需求是一个远比微观需求复杂的函数。在没有研究清楚这些函数的性质的情况下，就笼统地说总供给决定总需求，必然遗漏大量宏观经济问题。

情况 4：在资本主义社会，即使可以识别出所有影响供求的变量，供求的真正相等也不可能实现。因此，公式中还包括一个随机误差项，并且我们并不知道这个随机误差项的概率分布，更无从知道它的期望和方差的确切值（这个值本身可能都是一个随机变量，也就是说，它是

---

① 隐函数定理描述的就是其中一种情况。
② 参见 Mas-Colell, Whinston, and Green (1995, pp. 106 – 109)。

一个条件期望）。这种不确定性就是奈特所说的那种真正的不确定性。
也就是说，公式应该写成如下形式：

$$D(P,A) = S(P,B) + \varepsilon \qquad\qquad (6.4)$$

这里，随机误差既可能来自供给方面，也可能来自需求方面。我们
为了简单，没有作出这样的区分。

这就说明，即使供求均衡所建立的那种对应在经济处于常态下也是
勉强的。而如果考虑到资本主义发生经济衰退、经济危机的可能性，供
求决定价格的说法就更不准确了。供求对价格的影响只能这样表达：在
其他情况一样时，对于绝大多数商品，供给上升将使价格有下降的趋
势，需求上升将使价格有上升的趋势，反之则相反。或者，简单来说，
就是，绝大多数商品都是非吉芬商品。除此之外，这一规律没有告诉我
们任何有价值的东西。①

二　制度为因，价格为果

以上分析着重提出了 A，B 这样的非价格变量的存在性。那么，A，
B 究竟应该包含什么变量呢？从社会发展角度看，新古典经济学在提出
公式时，根本无视社会基本制度和发展阶段（Ins，Ds）对价格会产生
根本影响的事实。基本制度的变化确实是存在的，而且是可以控制的
（如苏联东欧解体）。相对收入、天气或者预期之类，社会基本制度对
价格的影响要显著得多，影响普遍性要大得多，甚至也是其他所有社会
科学变量的最根本决定、影响因素。因为制度具有以下三大功效：①界
定独立的经济行为者在现状中的选择领域；②界定个体间的关系；③指
明谁对谁能干什么（布罗姆利，1996）。如果社会主义和资本主义作为

---

① 其实，就此而言，它也首先需要判断什么是吉芬商品。而这是同义反复。

基本制度在如上三个方面存在差异，分别记为 soc，cap，于是，$Ins \in \{soc, cap\} \subset \{A, B\}$。于是，如果抛开新古典经济学所提出的那些非价格变量（对于本书目的而言，这是可以的），公式变为：

$$P = P(Ins, DS) \tag{6.5}$$

公式表明，抛开基本制度和发展阶段，无法决定价格，无法对价格的合理性进行判断。均衡价格的水平受制于基本制度和发展阶段。这说明，均衡价格本身没有说明任何东西，它只是反映社会的基本制度和发展阶段。如果社会的基本制度是不公平、不平等和非正义的，那么，价格水平，无论均衡与否，都可能是不平等、不公平和非正义的。如果基本制度和发展阶段是可变的，价格就是任意的。对资本主义社会而言，资本统治就是它的基本制度。对于社会主义国家而言，人民当家做主、彻底否定资本的私人占有就是其基本制度。这两种制度下的价格（相对价格和总体价格水平）当然不会相同。这就可以看出，价格配置资源的社会主义市场经济即使存在，它与资本主义市场经济也是有本质区别的。这种区别是来自于社会主义和资本主义根本制度上的区别，而不是市场经济本身的区别。

上述分析则与布罗姆利的如下观点一致。他（1996）说，即使市场过程是判断效率的标准，但如果制度安排确定了市场过程的范围和意义（成本和收益的数量和程度是占主导地位的制度结构的产物），那么，就是制度决定了什么是有效率的。很显然，布罗姆利是从更为根本的决定变量的角度来看待制度对效率的决定的。按照同样方法，巴泽尔（1997）说，"约束的存在意味着资源并非仅仅根据价格进行配置"，"对产权施加约束，实际上就是绕过价格机制而分配资源"。这里，巴泽尔把约束与价格对立起来，而且，很显然是在制度的意义上谈论约束。他们对效率与制度、价格之间的关系的看法与马克思主义的基本观点显然是一致的。

以上分析表明，供求决定价格是一个似是而非的错误说法，它只不过规定了一个价格与非价格变量之间的映射，并不能从中推出任何确定性的价格量（远远不是价格决定的多重均衡问题）。同时，公式表明，价格是基本制度和社会发展阶段的结果，后者才是根本性原因。二者之间的因果关系表明，不能把价格作为与基本制度相同层面的变量看待。价格变量，无论微观还是宏观，相较于基本制度都是次级变量。没有基本制度的确立，就没有价格的根本性决定。只有在基本制度确立之后，研究其他变量对价格的次级性影响才有意义。从中国经验看，根据龙斧、王今朝（2011）的分析，一个社会的所有制结构等基本制度（如政府的功能定位、行为特征以及运行效率效益）对于需求和供给都能产生影响（比如，如果社会主义不允许如资本主义那样利用资金囤积居奇就会对供求产生影响）。考虑到这些函数可能性之后，价格就不再是一个孤立的调整机制。

根据公式，相对其他众多变量中的某个变量，如个人理性、个人自由，以及它们的某种组合，社会基本制度的影响力要大得多。比如，就基本制度与教育的变量显著性比较而言，个人在市场经济下依靠理性和自由的力量获得受教育机会就如一盆水中的某些水分子在寒冷的冬天仍然可以因为偶然拥有较高能量而蒸发出来，但99%以上的水分子仍然以冰的形态聚集在一起留在盆中一样。中国社会主义建设时期，正是遵循了这种原理，没有让私人教育事业成为中国教育事业的主导，从而极大地发展了教育。而反观近十余年民办教育的发展，它们对中国教育的贡献是难以与计划经济时期的那种体制相提并论的。①

---

① 为什么改革开放30年国家就没有投资建立新的公立大学从而延续原有体制的优势呢？如果建立了大批公立大学，那些市场经济下的私立大学还有多少盈利空间呢？这又一次证明，所谓利润不过是社会制度的反映。

第三节　劳动价值对货币价格的根本决定

第二节以新古典之矛攻新古典之盾，运用供求函数工具演绎地证明，即使在纸币本位的现今时代，供求都无法决定价格，而只是规定了价格与其他诸多变量，特别是与社会基本制度之间的对应，因而是社会基本制度等变量决定价格，而不是供求决定价格。[①] 这也就表明了，无论哈耶克等人借助什么名词术语，都无法论证资本主义市场经济能够产生什么均衡的价格，更不要说这种均衡价格的合理性了；无论弗里德曼等人借用什么修辞隐喻，都无法论证金融货币手段能够稳定资本主义市场价格，更不用说资本主义市场经济等同于自由了。这同时也表明，如Meade、Myrdal 等诺贝尔奖得主都不信任市场机制，这是多么正确！西方 2008 年金融危机更是让新古典经济学的价格理论被越来越多的人所抛弃。

那么，究竟是什么决定价格呢？马克思认为，价值决定价格，但用劳动价值论阐述价格决定仍然存在一些有待澄清的地方。第一，马克思认为，价值决定价格。但价值以时间为单位，价格以货币为单位。1 小时的劳动时间究竟应该相当于多少货币呢（这在金本位下不成问题）？今天究竟怎样理解马克思所说"价格是价值的货币表现""价格是物化在商品内的社会劳动量的货币名称""价值规律支配着价格的运动"等论断呢？[②] 第二，马克思的价值转型理论认为价值转化为生产价格。生产价格同样以时间为单位。因此，这一理论的清晰性同样依赖于时间与价格之间的通约性。第三，马克思的通货膨胀理论认为通胀是货币供给

[①]　关于西方经济理论所使用的演绎法在方法论上存在的问题，参见王今朝、龙斧（2012）。
[②]　马克思、恩格斯：《马克思恩格斯全集》，第 25 卷，人民出版社，1985，第 193、194、198、203～206、209、397 页；第 23 卷，人民出版社，1985，第 126 页。

超过货币需求。今天，这个纯然属于货币经济学的观点（货币主义者米尔顿·弗里德曼关于通胀时时处处是一个货币现象的观点与马克思的这个观点没有什么两样）与前面两个基于实体经济的观点究竟怎样协调呢？这里，我们在区分不同概念的基础上，从数理的角度阐释价值决定价格的两重含义，以此为价格理论提供了一个清晰的范式。毕竟，新古典经济学理论坍塌之后，价格理论成为一个真空。这一真空只有用一个得到正确理解的马克思劳动价值论才能有效地填充。那么，价值与价格之间的关系究竟是什么呢？这种成立是否受到有机构成这一变量的影响呢？劳动价值与货币供给对于价格的影响有什么区别呢？这些都是关系中国经济发展模式的重大理论问题。

一　"价值决定价格，价格反映价值"的数理含义

第一，我们把市场价格（不管是垄断还是竞争市场）记为 p_M^t。因为市场价格是一个随时间变动的价格，所以，我们给它加了一个表示时间的上标 t。我们称这一价格为实然价格（de facto price）。马克思《资本论》认为，价值决定价格就是价值对 p_M^t 的决定。在金本位时代，这点是对的。因为任何一种商品的价值、价格都是用黄金的数量来表示的。而一定量的黄金既表示价格，也代表着一定的价值。然而，当人类进入纸币本位时代以后，货币只是一种表示价格的符号，本身并无价值。因此，价值决定价格就变得复杂起来。

第二，我们定义一个 p^*。该 p^* 是从价值 V 映射过来的，我们称之为应然价格（de jure price）。之所以给出这样一个定义，因为价值与价格分属不同的量纲，劳动价值是用时间来衡量的，而价格是用货币来衡量的，二者无法直接比较，就需要价格与价值之间存在一座从客观的时间本位（standard）转换到社会性的货币本位的桥梁。从数学上看，这个转换是一个函数关系。因此，我们认为，马克思所说的价值决定价

格，在纸币本位时代，其首要的意义就是 V 决定 p^*，而不是 V 决定 p_M^t。

第三，马克思所说的价值决定价格的第二个含义就是 p^* 决定 p_M^t。当然，我们这里的 V 就是 p_M^t 的载体商品所包含的价值量，而 p^* 就是这一价值量的货币反映。考虑到供求函数的性质，很显然，除 p^* 之外，还有众多因素决定着 p_M^t。因此，通常我们有 $p_M^t \neq p^*$。比如，垄断会影响 p_M^t 的大小。其他如信息、管理水平、宏观经济环境等都会对 p_M^t 产生影响。在第二种意义上，马克思所说的价值决定价格不能理解为一种一元的决定论。

从方法论上看，虽然以上分析表明，劳动价值论作为市场价格的预测工具并不准确，但这并不能证伪劳动价值论。实际上，劳动价值论所预测的价格 p^* 与市场价格 p_M^t 的差作为一种矛盾支配着商品的生产和交换。比如，中国今天极高的房价已经极大偏离了劳动价值论所预测的水平。这并不是对劳动价值论作为一种理论的否定。正是这种市场价格与劳动价值论预测的价格的偏离导致房价具有回归理性的必然趋势。

马克思曾认为，竞争会使得我们有 $\lim\limits_{t\to\infty} p_M^t = p^*$（或 $E p_M^t = p^*$ [1]，这里 E 表示数学期望），因而，p^*（代表价值）构成市场价格 p_M^t 围绕波动的中心（对接近竞争的经济而言）。其实，就马克思《资本论》揭示资本主义内在矛盾的目的而言，$\lim\limits_{t\to\infty} p_M^t$ 与 p^* 是否相等并不重要。重要的是，p^* 可以看成是衡量市场价格 p_M^t "适当性" 的标尺。[2] 当市场价格等于劳动价值时，经济处于一种 "中性" 的状态。当市场价格 p_M^t 不等于 p^* 时，在完全竞争的情况下，前者有回复到后者所规定的水平上的趋势。在垄断情况下，前者与后者的差距可以作为衡量垄断影响力的一

---

[1] 这种表达是中国社会科学院马克思主义研究院余斌研究员的建议。

[2] 在新古典经济学中，也存在衡量市场价格的标尺。这种标尺在那里是边际成本。

种指标。因此，p^* 或者价值本身的存在性以及 p_M^i 与它的差就构成了对价格进行管理的风向标。

那么，V 和 p^* 之间的映射是否存在呢？如果存在，具有怎样的性质呢？马克思由于处于金本位时代，并不需要提出这一问题。他的《资本论》确实只是讨论了劳动价值及其向生产价格的转型，并且可以看作是基本没有涉及纸币制度。本书则认为，今天为了建立价值与价格的对应，完全抽象掉纸币制度并不必要，完全可以从一开始就假设纸币的存在，所需要的只是货币中性假设。本书假设纸币存在，但又假设货币中性。货币中性的假设表明，不同总量的货币供给会对应不同的总体价格水平，但它无法说明某一具体商品的绝对价格如何确定。

二　价值到应然价格的映射

这里，我们对任意一个企业来研究价值到价格的映射的性质。由于企业的任意性，我们所得到的结论就不受有机构成差异的影响。也就是说，如果不同企业的产品价值都遵循马克思的劳动价值论，那么，它们的生产价格（即马克思所说的由价值转型而来的生产价格）与我们所讨论的价值与价格之间的映射是一致（consistent）的。

为了探讨价值到价格的映射的性质，我们提出三个假设。

假设1：假设价值与价格之间的映射 $V \rightarrow f(V)$ 为一一映射，即每一个价值量都对应一个价格，同一个价值量只对应一个价格，而且任何一个价格必有一个价值量与其对应。这个假设是必需的，也是自然的。如果这个映射不是单射，就意味着同一个价值量对应了不同的价格。这就必然要引入其他因素的影响。在目前这样的基础研究上这是不必要的。如果这个映射不是满射，那就意味着存在一个价格值，没有价值与其相对应。这就违背了马克思关于价值与价格关系的基本观点。

假设2：根据价值所计算的利润率与根据价格所计算的利润率恒等。

假设 3：在价值基础上所定义的利润率为：

$$\rho = s/(c + v) \tag{6.6}$$

其中，c 是计算利润那段时期里预付的不变资本（包括原材料的价值转移和工具、工厂的价值）。v 和 s 分别表示可变资本和剩余价值。[①]

在上述三个假设的基础上，我们提出以下定理：

定理：设价值到应然价格之间的映射为一一映射，利润率由剩余价值与预付资本的比值确定，则由价值和应然价格所计算出的利润率恒等的充要条件是该映射是截距为 0 的仿射。

证明：根据仿射变换的性质，充分性是明显的。我们只需要证明必要性。根据假设 1，对 s，c，v，有唯一的 $f(s)$，$f(c)$，$f(v)$ 与之对应。根据假设 3，基于货币收入和支出的利润率为 $f(s) / [f(c) + f(v)]$。

又根据假设 2，我们有：

$$f(s)/[f(c) + f(v)] = s/(c + v) \tag{6.7}$$

此公式当 $s = 0$，1 时也成立，因而我们知道 $f(0) = 0$，$f(1) \neq 0$。这意味着当价值为 0 时，所对应的价格也为 0；[②] 当价值为 1 时，价格就不可能为 0（这实际上也是一一映射所蕴涵的）。

我们再不妨设 $s = v$（相当于马克思剩余价值率 100% 的假设），其中 v、c 为自由变量。于是，由式（6.7）可得

$$vf(c) = cf(v) \tag{6.8}$$

---

① 劳动时间就如一个尺度，如果没有一个固定的尺度，就无法衡量价值的多少。用供求来决定价格，那么，市场价格与合理价格的差如何衡量呢？如果无法衡量，价格管理就会陷入无所适从的境地。当然，劳动的复杂程度是另一个影响价值的变量。

② 在资本主义市场经济中，价值为 0 的东西的价格却可能大于 0。这是因为资本主义把一切东西都市场化了。而社会主义可以通过反市场化而基本消除那种价值为 0 价格反而大于 0 的现象。

由于公式对任意 v 成立，不妨令 $v=1$，于是得到：

$$f(c) = f(1)c \tag{6.9}$$

由于 c 为自由变量，公式对于任意 c 都成立。

而 $f(1)$ 为一非 0 常数，即价值 1 所对应的价格。为了验证一致性，再把公式（6.9）带入到公式（6.8）中，我们就得到 $cf(v) = vf(1)c$，因此：

$$f(v) = f(1)v \tag{6.10}$$

由于公式中 v 的任意性，根据仿射变换的定义，我们就知道，函数 f 必为截距为 0 的仿射，即

$$p^* = Vf(1) \tag{6.11}$$

其中 $f(1)$ 是自由变量，它的数值取决于货币供给数量等诸多因素。证毕。

三 $f(1)$ 的含义及其决定

$f(1)$ 是值为 1 的 V 所对应的价格。为了确定这个价格，我们需要确定 $V=1$ 的含义。它表示一个具有平均劳动能力（c_a）、平均劳动复杂程度（c_o）和平均劳动强度（i_n）的标准劳动者在单位劳动时间内所创造的价值。单位劳动时间可以是 1 小时、1 天、1 周或者 1 月。为了使货币价值不至于太高，即为了使 1 元的货币不至于买太多的商品，应该选择较小的时间间隔（如 1 小时、1 天）作为单位劳动时间。当选择 1 天为单位劳动时间时，还要考虑到 1 天中的正常工作小时数。当选择 1 周为单位劳动时间时，还要考虑周末的天数的问题。当确定了每天的正常工作小时数和每周的正常工作天数后，选择 1 小时、1 天、1 周、1 月作为单位劳动时间对于我们的分析结果是不产生影响的。因此，我们

不妨选择 1 个月为单位劳动时间。于是，$V = 1$ 所对应的 $f(1)$ 就是标准劳动者月产出所对应的货币量。因此，$f(1) = g(c_a, c_o, i_n)$。

应该指出，标准劳动者月产出所对应的货币量（这是一种价格）是社会决策的结果。货币数量论认为，货币供给量决定价格水平。而实际上，应该是标准劳动者月产出所对应的货币量这一社会决策决定整个社会的货币供给量。货币数量论完全割裂了中央银行的货币发行与实体经济行为之间的关系，把货币发行看成是一个与实体经济无关的外生变量。而我们这里的分析则更接近原来的英国银行学派的观点（图克，1993），虽然我们的分析并不需要发钞自由这一假定。

劳动能力是该劳动者的天赋、经验、家庭教育、学校教育、性别等变量的函数。劳动复杂程度是工种、职位、行业、企业等变量的函数。劳动强度是气候、地域、工作条件、工作要求等变量的函数。因此，那个 $V = 1$ 的劳动者的产出的确立依赖于寻找出那个标准的劳动者。这就如同泰罗在研究科学管理时寻找出的那个标准工人（SW），只不过我们这种寻找是在全国范围内寻找，而且标准可能并不需要那么严苛。这种实践其实早就在中国 1949～1976 年时期被广泛地推行过。于是，我们有如下的标准工人函数：

$$SW = SW\binom{天赋，经验，家庭教育，学校教育，性别，工种，职位，}{行业，企业，气候，地域，工作条件，工作要求\ ……} \quad (6.12)$$

寻找出这个标准工人之后，其他人的产出只要依据其他条件与这一工人作比较即可得出。确立了人们的产出后，就可以用它乘以某个适当的比例 λ（比如可令 $\lambda = 50\%$；不同人所适用的比例可以略有不同）作为人们的工资。如果收入分配的制度安排严格遵循劳动创造价值的原则，那就不能承认任何其他收入来源存在的合理性，特别是不能承认资本收益的合理性。

$f(1)$ 的确立还为产品定价提供了基础。任何一个企业的产品的价

格就等于该企业为了生产该产品所付出的社会必要活劳动总时间与
$f(1)$的乘积（再加上不变资本的价值转移）。如果我们通过选择适当
的单位劳动时间或控制货币供给数量等办法，使得 $f(1)=1$，那么，
价格在数量上就等于价值，即 $p^*=V$。这里，价值是自变量，是导致价
格 p^* 变化的决定性变量。这就最清晰地体现出马克思关于价值决定价
格的观点的含义。在没有货币的经济中，不同劳动产品的价值就提供了
它们之间进行交换的比例。在货币中性的经济中，虽然货币能够影响应
然价格的数值，但并不影响相对价格。

由于 $f(1)$ 就是标准劳动者月产出所对应的货币量，因此，它就
确定了交易这一产出所需要的货币数量。从整个社会的范围看，货币的
发行需要满足这种货币交易需求。政府可以通过向公共部门就业的人支
付工资来发行货币，也可以把货币交由财政部门使用来实现货币发行。
当然，考虑到货币创造，货币发行与交易需求之间并不是一对一的关
系。还应该指出，非劳动所生产的物品是没有价值的。按照上述公式，
它的价格也应该为0。这样看，国家似乎就应该取消这类物品的市场的
存在性，从而也无须为这类物品的交易提供货币。

自然，每一个企业都有按照社会所能提供的技术和管理知识进行生
产的责任。在这种责任支配之下，每个企业最大限度地进行生产，企业
产出减去劳动者工资就是企业的剩余价值。该剩余价值被社会用于积累
和公共支出。随着劳动生产率的增加，单位产品的价值量在降低，因
此，其产品的价格也应降低。只有这样，才能最大限度地"满足人民
日益增长的物质文化需要"。不过，如果考虑到产品生命周期的因素，
如果一个企业处于创新的前沿，其生产率虽然在提高，但其他企业还不
能生产出替代这一处于创新前沿的企业的产品，那么，这一企业的产品
价格下降的速度可以慢于其生产率提高的速度。二者速度的差异性就可
以为企业创新提供一种激励。

四　从以时间为单位的生产价格向以货币为单位的生产价格转化

价值与价格的上述关系看似简单，实则不然。当涉及其他经济问题时，其重要性就显现出来。马克思提出了价值向生产价格转型的如下公式：

$$p_i^* = \lambda c_i + v_i + \rho(c_i + v_i) \tag{6.13}$$

其中 $i = 1, 2, \cdots, n$；n 表示商品的数量。c_i，v_i 表示生产第 i 种商品的企业所使用的不变资本和可变资本，p_i^* 表示第 i 种产品的生产价格。ρ 表示平均利润率。

由于没有看到价值与价格的上述关系，Kurz 和 Salvadori（1995）认为，本书公式一般而言并不成立，而公式中的 c_i，v_i 应该以货币价格表示，以此来攻击马克思的价值转型理论。而马克思本人也注意到这个问题，但认为它无关大局（Marx，[1894] 1959）。由于价值向价格的转化只是一个截距为 0 的仿射变换，因此，公式完全可以看成是一个以货币价格表示的方程。也就是说，它所涉及的变量既可以理解为价值，也可以理解为货币价格；因为价值与货币价格就差一个常数倍数。当然，如果我们认为它所规定的是价格，那么，c_i，v_i 应该也是用价格表示的。但由于它们都是价值与同一常数（$f(1)$）的乘积，无论是用货币表示还是用价值表示，二者都是等价的，因为 $f(1)$ 在其中被约去了。这就使得马克思并没有犯 Kurz 和 Salvadori 所指责的错误。

绝对不能把公式中的 p_i^* 理解为市场价格。从马克思的意图看，该公式只是用来反映竞争所产生的不同资本家获得同一利润率的秩序。[①]

---

① 在马克思那里，竞争的作用只是执行了资本的内在法则，使它们显现出来，而不是生产了它们。新古典经济学则必须依赖竞争作为实现经济规律的力量。参见 Foster（1986，pp. 52 – 53）。

这一平均利润率决定了生产价格。从资本家按照等量资本分享等量利润的意义上看，这个生产价格与价值不同，也与个体分析条件下价值所对应的价格 p^* 不同。马克思在说商品市场价格（即 p_M^t，这是微观经济学所关心的那个价格）提高到它的价值（V）以上的时候（第26卷，第2册），在前资本主义时期，是指 $p_M^t > p^*$；在资本主义大发展之后，是指 $p_M^t > p_i^*$（这里的 p_M^t 是指第 i 种商品的市场价格）。如果没有垄断等阻碍市场竞争的因素存在，那么，应该有：$\lim_{t \to \infty} p_M^t = p_i^*$；然而，一旦有各种干扰因素存在，那么，$p_M^t \neq p_i^*$ 也就没有什么值得奇怪的了，而根据它们所计算出的两个利润率会存在差异也就没有什么可奇怪的了。

至于 Kurz 和 Salvadori 认为公式一般并不成立，那也是将表面现象分析与内在本质分析混淆所产生的结论。如果没有货币，利润率只能用公式定义。如果货币是中性的，利润率的其他定义应该与该定义一致。当考虑到存在垄断、不确定性、不对称信息等因素的时候，一个企业的客观的利润率不等于这种理论上的利润率，那是完全自然的事情。这种不相等并不能证明马克思的利润定义的错误。如果允许按照机会成本定义的利润率不同于按照会计成本定义的利润率，如果允许按照机会成本定义的利润率之间也有差别，那么，马克思的利润率与其他的利润率之间存在差别就没有什么值得大惊小怪的。

五　结论

以上分析表明，任何现代社会中任何产品或商品的交换价格的决定应该服从如下公式：

$$p_M^t = p_M^t \left\{ p^* \left[V, f(1) \right], O \right\} \tag{6.14}$$

并且，在其中，p^* 对 p_M^t 具有根本性决定作用，V 对于 p^* 又具有根本性决定作用。这里，所谓根本性决定作用，指的是即使没有货币，仅

仅利用 V，就可以确定劳动产品的绝对应然价格，比如，把它直接设定为社会必要劳动时间。如果考虑到货币的存在，那就是 V 和 $f(1)$ 共同决定该劳动产品的绝对应然价格，即 p^* 反映 V 和 $f(1)$ 的影响。比如，如果中国 1949～1976 年时期选择让八级工人中的学徒工（一级工）的货币收入翻倍，那么，当时中国社会中的产品价格恐怕就要翻倍了。

绝对市场价格 p'_M 无疑将受到绝对应然价格 p^* 的影响，而且应该首先受到这个价格的影响，而不是受到其他因素的影响。这也就意味着其他影响绝对市场价格的因素（O）虽然存在，但是，这些因素的作用要受到劳动价值以及社会对标准工人所规定的货币收入的量的制约。不过，由于对市场起作用的因素太多、太复杂①，并不能排除 O 对 p'_M 产生超过 p^* 作用的可能性。

对于变量 O 究竟包含哪些因素，恐怕无法穷举。企业的垄断性、政府管制、经济周期、企业定价行为的性质都属于这类因素。比如，当经济处于衰退期，产品的市场价格可能要低于其应然价格。又比如，西方航空业的价格制定行为与其他行业具有显著的差异（Boyd，2007）。这些因素的影响虽然可能持续时间相当长，但这并不意味着市场价格不具有向劳动价值预测的应然价格调整的压力。因而，对这些因素的讨论已经超出了基本经济规律的范畴，而只是属于表象层面的具体的经济问题了。

第四节　从刘易斯模型看中国经济发展模式的政治经济学本质

在新古典经济学与马克思政治经济学构成两个端点的经济学区间

---

① 比如，关于影响中国房地产价格的因素，参见龙斧、王今朝（2012）。

中，还存在许多理论、流派。其中，不少与马克思政治经济学有这样那样的渊源。即使是新古典经济学，其早期的创立者，包括瓦尔拉斯、帕累托、马歇尔、庇古，都与马克思政治经济学在理论和方法论上有相通之处。比如，瓦尔拉斯认为他的理论的成立要以土地公有制为前提。帕累托、马歇尔、庇古对于资本主义社会存在的贫穷可说是深恶痛绝。对于这些理论、流派，本书无法一一加以解读。这里，我们选择一个具有代表性的理论，即刘易斯二元经济理论，来加以分析。刘易斯理论被认为是一种属于古典经济学传统的理论。相对于新古典理论，古典经济学与马克思政治经济学的渊源更近。部分由于这一原因，中国不少学者使用刘易斯理论分析中国 1980～2012 年时期的发展现象。近年来，当中国发展模式暴露出越来越多的问题时，更有不少研究使用刘易斯理论加以分析。比如不少研究把"中等收入陷阱"归咎于发展中国家的"二元经济结构"，对中国发展隐患、增长减慢、模式转变也有不少类似分析和结论。然而，这些研究都没有注意刘易斯模型的根本缺陷。这里，我们则用马克思政治经济学的观点来分析和改造刘易斯模型，以此可以展示，用马克思政治经济学作为基本的经济学理论是多么重要！

一 中国二元结构现实与刘易斯二元结构理论的差异性

今天，许多人以为，二元经济结构是由刘易斯提出的。其实，二元经济结构问题早在 1920 年前后的苏联就已出现，并成为其经济政治生活中一个重要问题。[①] 中国发展的户籍制度也是应对中国二元经济结构所采取的理性制度安排。[②] 无疑，苏联共产党和中国共产党都形成了自己的二元经济理论，只不过没用西方经济理论的模型表现出来而已。

①　约瑟夫·斯蒂格利茨：《公共财政》，中国金融出版社，2009，第 226 页。
②　王今朝：《摆脱困扰的断想》，《市长通讯》2001 年创刊号。

这一点连西方学者都予以承认。比如，Dixit（1973）认为，苏联普列奥布拉任斯基的剪刀差理论是二元经济模型的一个原形。

刘易斯（1954）二元经济理论有三个基本特征。第一，它是基于落后资本主义国家而提出的；第二，它通常指发展中的资本主义国家为了经济发展，首先过多地投入工业和城市发展，使农业处于一种相对落后、不发展的状态；第三，它假设收入分配不均等是经济发展的必要条件，因为在该模型中，投资来自于利润，而利润由资本家获得。实际上，刘易斯（1954）说得非常明白，他的理论是一个关于资本主义社会的经济发展理论。从历史唯物主义看，1949～1976年时期的社会主义建设表明，中国的二元结构与刘易斯的二元结构具有根本的差异，中国（和苏联）的经济发展实践远远超出了刘易斯二元经济理论的内涵。

二　从刘易斯增长拐点的可变性看中国 60 年发展模式的政治经济学实质

刘易斯理论分析了无限劳动供给下的经济增长（实际上是资本主义生产资料私有制支配下的经济增长），并提出了刘易斯拐点现象，认为经过刘易斯拐点之后，经济就会按照新古典进行运转（依然是在资本主义私有制支配之下）。从政治经济学角度看，假如刘易斯拐点存在，它至少说明了一个问题，这种类型的发展中国家的经济发展增长率主要依靠廉价劳动力而取得。这种廉价劳动力在成本变化之前，为资本增值提供了巨大的空间。当出现劳动力成熟、劳动力需求上升等情况时，这种资本增值的空间将缩小，必然出现"收入陷阱"之类的经济发展趋缓问题。这里，我们运用辩证唯物主义的方法对刘易斯的观点加以分析。

刘易斯理论确认了拐点的存在性，但它没有分析拐点的可变性。很显然，同一国家采取不同的政策，其拐点是可变的。因此，从刘易斯理论自身逻辑看，既然拐点存在并且可变，那么，就存在一个从经济起飞阶段的不变工资到劳动力成本开始上升的劳动力成本变化的"时间差"（TL）。这一概念看似与刘易斯拐点概念联系密切，其实，它非常有助于得出否定刘易斯理论的结论。

命题一：廉价劳动力规模（SL）越大，劳动力成本变化的时间差就越长。一方面，这种基于廉价劳动力使用基础上的经济增长并不是一个社会进步、经济体制公平正义的体现，这一点马克思早就讲过。另一方面，如果劳动力成本变化的时间差足够长，资本增值的时间足够长，那么，在人均 GDP 达到高收入国家时，这个国家的刘易斯拐点可能还没有达到。这在理论上是可能的。在实践上，如果一国政府千方百计地压迫普通劳动力的权益、权利，也是可能的。

命题二：地区发展的资本、技术、产业结构的不平衡性（UE）越大，劳动力成本变化的时间差就越长。这是因为一个国家的经济发达地区对落后地区的资本、劳动力具有的回波效应，即由于它的经济发展，吸引了落后地区的资本和素质较高的劳动力向发达地区转移，从而使得发达地区的资本、熟练劳动力水平远远高于不发达地区，这进而产生了发达地区技术进步更快的激励。回波效应越大，劳动力成本变化的时间差就越长。在这种情况下，从理论上看，同样可能出现在人均 GDP 达到高收入国家时，这个国家的刘易斯拐点还没有达到的情形。在实践上，如果一国政府千方百计地实行差别化、特区化、偏向化的地区发展政策，也是可能的。

命题三：发达地区的资本、技术外溢性效应大小取决于落后地区与发达地区的差距（AG）。这个差距越大，劳动力成本变化的时间差就越长。

命题四：发达地区的劳动力在全国劳动力中所占比例成分（LP）

越小，劳动力成本变化时间差就越长。

命题五：在粗放劳动力密集型经济结构中，政府财政收入增长率和劳动力收入增长率差距（GG）越大，则劳动力成本变化时间差就越长。

命题六：企业资本增长率和劳动力收入增长率差距（FG）越大，则劳动力成本变化时间差就越长。

命题七：原来属于社会公益福利的领域商业化、利润化、私有化、市场化程度（FZ）越高，则劳动力成本变化时间差就越长。当刘易斯拐点出现后，实际收入增加比名义收入增加得要少。它使得刘易斯拐点后的曲线的斜率更低。

命题八：价格指数和工资指数比率（RW）越高，则劳动力成本变化时间差就越长。

于是，我们有以下公式：

$$TL^j = TL^j(SL^j, UE^j, AG^j, LP^j, GG^j, FG^j, FZ^j, RW^j) \qquad (6.15)$$

而且，我们有 $TL'_i > 0$，$i = \{1, \cdots, 8\}$。上标 j 表示国家。

如果不同国家在上述 8 个自变量上存在差异，在时间差函数上也存在差异，那么，可以推定，我们一般会有 $TL^j \neq TL^k$，即第 j 个国家和第 k 个国家的劳动成本发生变化的时间差一般不会相同。从历史反证法的原理看，如果中国采取另外一种改革开放的模式，它的劳动成本发生变化的时间差可能就会比实际要短，而且可能出现戏剧性的结果。

上述公式和推论可以用图 6-1 来细致地加以分析。在图 6-1 中，横轴表示一个国家劳动力的禀赋，纵轴表示工资和劳动生产率。PL^i 表示给定资本总量条件下的劳动生产率曲线（J. Robinson 所提出的资本是否能够加总的问题在这里并不重要）。其中，$i = 1, \cdots, 8$。随着 i 的增加，这个国家的资本总量也会增加，这会引起同样劳动力数量下的劳动生产率上升。为了简单起见，图 6-1 中我们假设劳动生产率随着劳动投入的增加而减少。图 6 – 1 是 Lewis（1954）图 2 的改进版。

首先，图 6 – 1 展示了刘易斯拐点的多重可能性。其中，最坏的劳动力供给曲线是 L^5。并且 L^5 只有在资本存量对应 $i = 5$ 的情况下才可能出现。不妨设这种情况表示"中等收入陷阱"存在，很显然，上述 8 种因素的某种组合会共同导致这种结果的出现。可是，L^4、L^3、L^2、L^1 分别代表了更小的劳动力成本变化的时间差。如果 L^5 表示"中等收入陷阱"，那么，L^4、L^3、L^2、L^1 就代表了不同于"中等收入陷阱"的情况。

其次，图 6 – 1 还展示了刘易斯拐点不存在的情况。如果 W 表示经济发展之初的城市工资水平，那么，如果一个国家能够随着经济的发展调整工资水平，使得所有人享受到差别不大的更高的工资 W'，使所有人平等地享有工作保障，那么，自由劳动力市场下的刘易斯拐点就永远不需要出现，出现的只是国家对工资的调整（参见第五章第四节的分析）。

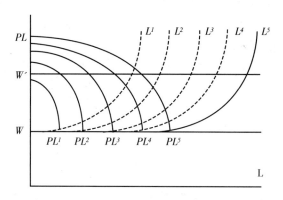

图 6 – 1 二元经济劳动力成本变化的时间差

以上对刘易斯拐点的解剖部分解释了中国改革开放保持 30 多年经济增长势头的原因，同时也证实了马克思主义的价值论。按照马克思的劳动价值论，GDP 增长中的绝大部分都是由劳动创造的，资本只是劳动创造价值的条件（王今朝、龙斧，2011）。如果中国的私有资本可以无偿地得到中国劳动力所创造的价值，如果中国的私有资本可以无偿地得到中国土地、矿藏、海洋、空气、森林等自然资源所代表的财富，那它们就得到了人类历史上最大的经济激励，它们会不遗余力地积累资本，从而带动雇佣劳动力性质的就业的发展。从这个角度看，1980年后中国经济发展模式既带有私有化、市场化、利润化、商业化的色彩，又带有廉价使用中国丰富劳动力的色彩。这就表明，对于中国而言，所采取的基本政策和路线对于经济发展具有根本性的影响①，这同时也说明，刘易斯拐点不具有世界的共性。而还有很多发展中国家的特性是我们这里没有做实证主义分析的。

以上基于马克思生产力生产关系原理对刘易斯二元经济理论的分析不仅否定了刘易斯二元经济理论（以及库兹涅茨收入分配倒U形曲线的规律性）②，而且验证了社会主义怎样实现平等、公平与效率的统一。③ 至于中国如果按照本书这里的模式不断根据实际情况调整人们的收入，并在这个调整基础上实现经济发展，将会产生怎样的经济发展模式，这个问题并不难以回答。

---

① 比如，商品化的生产是否要靠极端私有制、极端的市场化？显然不是的。有一种市场经济模式，即以国有企业作为市场的主体的经济模式，要比以私有企业为主体的市场经济模式效率高，平等程度也要高。

② 库兹涅茨收入分配倒U形曲线是库兹涅茨对资本主义制度环境下的规律的总结，它的重点是描述资本主义制度与其收入分配之间的映射关系，而并不是把它作为一个普适的经济规律。国内一些人把它当成一个普适规律是另一个错误理解西方理论的例子。

③ 平等与效率的矛盾只是资本主义经济体制下的一个规律性现象。因为私有制决定了不可能存在经济平等（经济平等不等于平均主义和"大锅饭"），因此，资本主义经济学只能论证平等与效率的矛盾，用资本主义看似高于社会主义的效率来证明其私有制下的市场经济产生的不平等的合理性。

参考文献

J. 阿尔德伯特等：《欧洲史》，海南出版社，2000。

阿明：《不平等的发展：论外围资本主义的社会形态》，商务印书馆，1990。

埃莉诺·奥斯特罗姆：《公共事务的治理之道》，上海三联书店，2000。

Y. 巴泽尔：《产权的经济分析》，上海三联书店、上海人民出版社，1997。

毕文胜：《波波夫谈中国发展模式》，《国外理论动态》2011 年第 1 期。

柴淑芹：《当代中国发展模式的内涵与特征》，河北师范大学，2007。

常修泽：《中国发展模式：人类文明发展多样性的一种探索》，《学习月刊》2007 年第 23 期。

常修泽：《中国发展模式论纲》，《生产力研究》2008 年第 1 期。

常修泽：《中国经济发展模式的五大支点》，《当代经济》2009 年第 3 期。

陈文通：《正确理解生产方式与生产关系及所有制范畴的关系》，

《经济纵横》2012 年第 4 期。

程耀明、凡勃伦：《"制度趋势"理论的述评——基于中国发展模式背景下的分析》，《今日中国论坛》2012 年第 10 期。

丹尼尔·W. 布罗姆利：《经济利益与经济制度：公共政策的基础》，上海三联书店，上海人民出版社，1996。

丁为民等：《对中国经济发展模式的探讨》，《黑龙江社会科学》2011 年第 2 期。

董乐：《改革开放以来中国共产党对中国发展模式的探索》，曲阜师范大学，硕士学位论文，2011。

董树彬：《勾勒了中国发展模式的蓝图——纪念邓小平南方谈话发表二十周年》，《科学经济社会》2012 年第 4 期。

杜吟：《从注重增长数量转向兼顾增长质量》，《中国质量报》2012 年 3 月 2 日。

段培君：《改革开放与当代中国发展模式的价值建构》，《河北学刊》2008 年第 6 期。

段培君：《改革开放与当代中国发展模式的价值建构》，《公安研究》2009 年第 5 期。

多马：《经济增长理论》，郭家麟译，商务印书馆，1983。

冯洁：《科学发展与"中国发展模式"——访著名经济学家常修泽教授》，《浙江经济》2008 年第 6 期。

高帆：《"中国经济发展模式"何以成为可能》，《探索与争鸣》2010 年第 1 期。

郭继林：《中国发展模式与社会主义未来》，《学理论》2010 年第 1 期。

郭熙保：《论中国经济发展模式及其转变》，《当代财经》2011 年第 3 期。

郭玥：《从发展模式看中国经济增长》，《人民日报》2012年5月18日。

韩保江、李霞：《中国发展模式的运行动力探析》，《甘肃理论学刊》2009年第2期。

韩保江：《中国发展模式运行的制度机理——改革开放30年中国经济高速发展的制度奥秘》，《经济研究参考》2009年第28期。

韩庆祥、张健：《领导干部压力的本质及其根源——观察当前中国发展模式、社会转型及市场化路径的一个特殊视角》，《人民论坛》2009年第2期。

何显明：《世界现代化进程中的中国发展模式》，《中共浙江省委党校学报》1995年第6期。

何显明：《世界现代化进展中的中国发展模式》，《宁波党政论坛》1997年第1期。

黄琪轩：《国家安全与中国发展模式的变迁》，《上海行政学院学报》2010年第5期。

黄卫平：《对当前深化经济发展模式变革的再探讨》，《经济问题》2012年第7期。

黄志亮：《论中国特色的经济发展模式》，《马克思主义研究》2009年第11期。

黄祖辉、张英魁：《中国特色体制转型道路析论——兼论改革开放三十年中国发展模式》，《华中师范大学学报（人文社会科学版）》2008年第6期。

劳伦斯·博兰德：《经济学方法论基础：一种普波尔主义视角》，长春出版社，2008。

雷鹏：《低碳经济发展模式论》，上海交通大学出版社，2011。

雷颐：《新中国发展模式选择的历史反思》，《社会科学论坛》2000

年第 1 期。

丹尼尔·A. 雷恩：《管理思想的演变》，中国社会科学出版社，1997。

李籁思：《全球经济重心在东移，中国发展模式待转变》，《中国经贸》2009 年第 8 期。

李籁思：《全球经济重心在东移，中国发展模式待转变》，《财会研究》2009 年第 13 期。

李若谷：《世界经济发展模式比较》，社会科学文献出版社，2009。

林岗：《三元经济发展模式》，经济科学出版社，2007。

刘东国：《中国发展模式转变对于建构和谐世界的意义》，《探索》2009 年第 5 期。

刘国光：《经济学教学和研究中的一些问题》，《经济研究》2005 年第 10 期。

刘建飞：《中国发展模式探源》，《当代世界与社会主义》2009 年第 6 期。

刘琳娜：《中国发展模式政治制度安排的困局及完善》，《科学社会主义》2011 年第 1 期。

刘毅强：《试论科学发展观对中国发展模式的创新》，《求实》2008 年第 5 期。

龙斧、王今朝、边金鸾：《用科学发展观指导中国"和谐社会"的理论建设》，《科学社会主义》2007 年（a）第 1 期。

龙斧、王今朝、边金鸾：《中国传统文化与"和谐社会"的理论定位》，《人文杂志》2007 年（b）第 6 期。

龙斧、王今朝：《20 世纪中国经济发展与社会和谐非线性关系论证》，《南京社会科学》2009 年（a）第 3 期。

龙斧、王今朝：《改革开放时期中国经济发展与社会和谐的非线性关系》，《江海学刊》2009 年（b）第 2 期。

龙斧、王今朝：《经济政策决策科学性与社会和谐的关系：中国历史实证分析和验证》，《求索》2009 年（c）第 1 期。

龙斧、王今朝：《社会和谐决定论：中国社会与经济发展重大理论探讨》，社会科学文献出版社，2011。

龙斧、王今朝：《新古典方法论"暗藏玄机"的整体主义分析》，武汉大学战略决策研究中心工作论文，2012a。

龙斧、王今朝：《从中国房地产业与消费的机理关系看新古典经济学"四化"理论的问题》，《贵州社会科学》2012 年（b）第 2 期。

龙斧、王今朝：《从房地产业与"内需不足"机理关系看中国经济发展模式》，《社会科学研究》2012 年（c）第 1 期。

龙斧、王今朝：《新古典经济学的"封闭系统"和"两个凡是"方法论特征》，武汉大学战略决策研究中心工作论文，2013a。

龙斧、王今朝：《国有企业效率效益的历史验证》，武汉大学战略决策研究中心工作论文，2013b。

罗敏、祝小宁：《中国发展模式究竟应该如何概括——"北京共识"和有中国特色社会主义理论体系比较研究》，《电子科技大学学报（社科版）》2008 年第 5 期。

马苏德·汗：《中国发展模式的世界意义》，《中国社会科学报》，2011 年 3 月 29 日。

毛崇杰：《发展模式与"卡夫丁峡谷"问题》，《湖南文理学院学报（社会科学版）》2004 年第 3 期。

梅新育：《反补贴案可能深刻影响中国发展模式》，《新理财》2007 年第 11 期。

詹姆斯·E. 米德：《效率、公平与产权》，北京经济学院出版社，1992。

聂圣平：《从"华盛顿共识"到"中国式道路"》，《经济体制改革》2012 年第 6 期。

秦宣：《邓小平论中国发展模式》，《中国特色社会主义研究》2011 年第 4 期。

沈湘平、孙亮：《后形而上学现代性视域中的中国发展模式建构》，《贵州社会科学》2009 年第 11 期。

西奥多·舒尔茨：《经济增长与农业》，北京经济学院出版社，1991。

伊恩·斯蒂德曼和保罗·斯威齐：《价值问题的论战》，商务印书馆，1990。

扬·斯蒂德曼：《按照斯拉法思想研究马克思》，商务印书馆，1991。

孙剑：《中国经济发展模式：经验、问题与优化》，《山东经济》2011 年第 6 期。

孙亮：《中国发展模式与国家软实力的建构》，《综合竞争力》2010 年第 2 期。

孙冶方：《要理直气壮地抓社会主义利润》，《经济研究》1978 年第 9 期。

孙忠良：《建国六十年来中国发展模式的历史变迁》，《江苏工业学院学报（社会科学版）》2009 年第 3 期。

谭扬芳、贾江华：《中国特色道路昭示光明未来——国外学者论"中国发展模式"》，《红旗文稿》2012 年第 14 期。

汤光鸿、有英：《中国特色社会主义道路的世界意义——兼论中国发展模式的所谓"意识形态威胁"》，《扬州大学学报（人文社会科学版）》2008 年第 1 期。

唐林峰：《改革开放以来中国发展模式的价值建构》，南昌大学，硕士学位论文，2012。

　　田晓玲：《中国模式是"最不坏的模式"》，《文汇报》2010 年 5 月 28 日。

　　托马斯·I. 帕利、程仁桃：《中国发展模式的外部矛盾——出口导向型增长与全球经济萎缩的危险》，《国外理论动态》2006 年第 5 期。

　　王冰、薛才琳、陈刚：《马克思关于价格的相关理论及其市场经济意义》，《经济评论》2007 年第 4 期。

　　王桂林：《"中国发展模式"下的大学智库建设》，《商场现代化》2010 年第 25 期。

　　王积业：《论我国适度的增长》，《中国社会科学》1990 年第 6 期。

　　王今朝、龙斧：《中国经济发展模式转型：理论与政策》，科学出版社，2011a。

　　王今朝、龙斧：《马克思关于供求决定价格规律的假意识性质的交叉科学诠释》，《经济经纬》2011 年（b）第 4 期。

　　王今朝、龙斧：《马克思价值决定价格的数理阐释》，《马克思主义研究》2012 年（a）第 11 期。

　　王今朝、龙斧：《马克思劳动价值论对中国经济发展模式的指导性——方法论的视角》，《华南师范大学学报（社会科学版）》2012 年（b）第 4 期。

　　王今朝、龙斧：《经济学方法论中演绎与归纳之争的终结》，《国外社会科学》2012 年（c）第 1 期。

　　王绍光：《共同富裕与所有制密切相关》，《中国社会科学报》2011 年 7 月 12 日。

　　王元龙：《"北京共识"并非"中国发展模式"》，《中国经济周刊》2011 年第 29 期。

　　吴汉瑜：《当代中国发展模式的特征研究》，广东商学院，硕士学位论文，2011。

　　吴季松：《中国经济发展模式：摸着科学与知识的石头过河》，北京航空航天大学出版社，2012。

　　吴群刚：《变革与繁荣：中国经济崛起的制度视角》，清华大学出版社，2006。

　　吴宣恭：《所有制改革应保证公有制的主体地位》，《管理学刊》2011 年第 5 期。

　　吴宣恭：《根据所有制实际重新分析当前阶段的社会主要矛盾》，《政治经济学评论》2012 年第 1 期。

　　吴延兵：《中国哪种所有制类型企业最具创新性?》，《世界经济》2012 年第 6 期。

　　武力：《试论新中国经济发展模式的三个重大问题》，《中共党史研究》2009 年第 10 期。

　　习近平：《不能用改革开放前后历史相互否定》，http：//www. zj. xinhuanet. com/newscenter/InAndAbroad/2013 － 01/05/c _ 114258858. htm。

　　熊必军：《关于中国发展模式的再思考》，《中国发展》2009 年第 4 期。

　　约瑟夫·熊彼特：《资本主义、社会主义与民主》，商务印书馆，1999。

　　徐飞鹏：《中国发展模式正在被全世界接受》，《北京日报》2011 年 12 月 1 日。

　　徐梅：《论国际竞争格局演变中的中国发展模式》，《国家行政学院学报》2012 年第 4 期。

　　许健康：《论改革开放的道路之争》，《探索》2006 年第 1 期。

　　许健康：《跨越卡夫丁峡谷与中国道路》，《学习与探索》2011 年第 4 期。

许小年：《中国发展模式确实到了迫切需要变革的地步》，《中国浦东干部学院学报》2010 年第 5 期。

颜鹏飞等：《马克思〈政治经济学批判大纲〉、"经济学提纲"与中国经济发展模式》，《当代财经》2011 年（a）第 1 期。

颜鹏飞等：《经济学逻辑体系的新探索——兼论中国经济发展模式》，转引自中华外国经济学说研究会，《外国经济学说与中国研究报告（2011）》，社会科学文献出版社，2011b。

杨华星：《近代以来的中国土地制度变革与社会转型——"中国发展模式与农地制度创新国际学术研讨会"述评》，《中国经济史研究》2012 年第 1 期。

杨继国：《用现代方法破解市场价值决定的难题——对所谓"供求价值论"之我见》，《财经研究》2003 年第 4 期。

杨生平、谢玉亮：《热话题与冷思考——关于近年来中国发展模式研究述评》，《中国特色社会主义研究》2010 年第 5 期。

杨士龙、赵青：《既得利益集团和西方资本利益是两大障碍》，《经济参考报》2011 年 8 月 14 日。

杨秀萍、马云泽：《中国经济发展模式转型问题研究》，《桂海论丛》2011 年第 4 期。

姚洋：《中国发展模式与当前经济危机》，《重庆工商大学学报（西部论坛）》2009 年第 4 期。

易培强：《关于经济发展模式两个问题的反思——国际金融危机的启示》，《湖南师范大学社会科学学报》2009 年第 3 期。

俞可平、庄俊举：《热话题与冷思考（三十四）——关于"北京共识"与中国发展模式的对话》，《当代世界与社会主义》2004 年第 5 期。

约瑟夫·斯蒂格利茨：《迈向新的发展模式：战略、政策与过程》，转引自斯蒂格利茨《发展与发展政策》，中国金融出版社，2009。

约瑟夫·斯蒂格利茨：《市场经济下的发展战略框架：目标、范围、制度、工具》，转引自斯蒂格利茨《发展与发展政策》，中国金融出版社，2009。

张磊：《中国共产党对中国发展模式的认识进程》，中共中央党校出版社，2012。

张茉楠：《通过包容性增长重构中国发展模式》，《上海证券报》2010年11月4日。

张荣洁、邱耕田：《中国发展模式内涵探析》，《江汉论坛》2012年第4期。

张舒英：《日本经济发展模式再探讨》，方志出版社，2007。

张伟：《中国发展模式极具韧性》，《经济日报》2012年7月4日。

张维为：《关于中国发展模式的思考》，《学习月刊》2008年第2期。

张幼文：《中国经济发展模式对世界和平与发展事业的贡献》，《毛泽东邓小平理论研究》2012年第6期。

张志勇：《试论政府与市场相结合的中国发展模式》，《内蒙古大学学报（哲学社会科学版）》2011年第4期。

赵凤萍：《从"政策转移"的视角看中国发展模式的形成》，《郑州大学学报（哲学社会科学版）》2009年第4期。

赵光瑞：《制度依附视野下的中国发展模式解读》，《当代经济研究》2009年第11期。

赵美玲、滕翠华：《科学发展观引领中国发展模式的升华与完善——南开大学博士生导师赵美玲教授访谈》，《社会科学家》2012年第10期。

钟心研：《中国发展模式未来面临的挑战——境外部分智库对中国

社会风险研究的评述》,《国外社会科学》2010 年第 4 期。

周天勇:《中国发展模式现存的问题及其调整》,《哈尔滨市委党校学报》2010 年第 3 期。

宗寒:《"淡化所有制"要淡化什么?》,《国企》2012 年第 7 期。

Boyd E. A. , *The Future of Pricing*: *How Airline Ticket Pricing has Inspired a Revolution*, Palgrave Macmillan, 2007.

Fogel R. W. , *Railroads and American Economic Growth*: *Essays in Econometric History*, Johns Hopkins Press, 1964.

Foster J. B. , *The Theory of Monopoly Capitalism*: *An Elaboration of Marxian Political Economy*, Monthly Review Press, 1986.

Leibenstein H. , "Allocative Efficiency vs. X – Efficiency", *American Economic Review*, 56 (3), 1966: 392 – 415.

Kurz H. D. and Salvadori N. , *Theory of production*: *A long-period analysis*, Cambridge University Press, 1995.

Mas-Colell A. , M. D. Whinston and J. R. Green, *Microeconomic Theory*, NY: Oxford University Press, 1995.

Ostrom E. , *Governing the commons*: *The Evolution of Institutions for Collective Action*, New Haven, Conn. : Yale University Press, 1990.

Richman B. M. , *Industrial Society in Communist China*, Random House, 1969.

Robinson J. , *Economic Management*, *China* 1972, Anglo-Chinese Educational Institute, 1973.

Robinson J. , *Economic Management in China*, Anglo-Chinese Educational Institute, 1975.

Taleb N. N. , *The Black Swan*: *The Impact of the Highly Improbable*, Random House, 2007.

致　谢

　　本书是《中国经济发展模式转型：理论与政策》和《社会和谐决定论：中国社会与经济发展重大理论探讨》的继续。《社会和谐决定论》因为要讨论社会和谐的决定，故而涉及经济以外的大量问题的讨论，而《中国经济发展模式转型：理论与政策》一书主要是理论和政策方向的讨论，假设读者已经对中国历史和现实有清晰的理解。大量的第一手资料却表明，并非如此。因此，笔者深感需要对过去 60 余年的中国经济发展模式进行透彻而清晰的解读。为此目的，本书围绕发展模式这一主题，重新组合、改写了这两本著作中部分观点、文字，并加上最新的研究成果。笔者感谢武汉大学战略决策研究中心主任龙斧教授慨允使用二人共同完成的文字，这是集体主义精神的一次生动体现。笔者更为感谢在武汉大学的师长，尤其是笔者的博士生导师谭崇台教授、硕士生导师郭熙保教授对笔者工作的耐心指导和帮助。正是在他们的引导下，笔者进入到发展经济学的研究领域。笔者的不少学术思想正是耳濡目染他们而奠定了基础。发展模式属于发展经济学范畴，而且相比增长本身，距离发展经济学方法论更近，乃是发展经济学中一个仍有待进一步开垦的土地。笔者的工作也得到武汉大学经济发展研究中心、经济学

系乃至武汉大学经管学院诸多老师、领导的帮助，同时也得到中国社会
科学院诸多领导、老师，中国人民大学、清华大学等大学同仁以及武大
校友的帮助，也得到了中国多家省市学术杂志编辑部的帮助。

　　本书的完成得到了国家社会科学基金项目"中国经济发展道路的
独特竞争优势研究"（项目号：12BJL009）、国家自然科学基金项目
"中国内需市场结构合理性与'扩大内需'政策效应性的机理研究——
决策优化模式探求"（项目号：71071118），以及教育部人文社会科学
规划基金项目"经济发展模式转型背景下中国消费需求合理性的交叉
科学研究"（项目号：11YJAZH089）的支持，是它们的一个中期成果。
本书的完成也得到了武汉大学经济发展研究中心基于教育部基金而设立
的2012年自主项目"中国自主创新的模式与途径研究"的支持，是该
项目的理论基础方面的成果！没有这些基金的支持，本书的完成不会这
样顺利。特此致谢！

　　陈云教导人们，"反复"是与"交换"、"比较"同等重要的方法。
本书作为笔者再次甚至是第三次对中国发展模式进行系统的探讨，或许
可以算作"反复"吧！

图书在版编目（CIP）数据

中国经济发展模式：政治经济学解读/王今朝著. —北京：
社会科学文献出版社，2013.7
（科学传播蓝皮书）
ISBN 978 - 7 - 5097 - 4692 - 9

Ⅰ.①中…　Ⅱ.①王…　Ⅲ.①中国经济 - 经济发展
模式 - 政治经济学 - 研究　Ⅳ.①F120.3

中国版本图书馆 CIP 数据核字（2013）第 115296 号

中国经济发展模式：政治经济学解读

著　　者／王今朝

出 版 人／谢寿光
出 版 者／社会科学文献出版社
地　　址／北京市西城区北三环中路甲 29 号院 3 号楼华龙大厦
邮政编码／100029

责任部门／经济与管理出版中心（010）59367226　　　责任编辑／张景增
电子信箱／caijingbu@ ssap. cn　　　　　　　　　　　责任校对／白桂和
项目统筹／恽　薇　蔡莎莎　　　　　　　　　　　　　责任印制／岳　阳
经　　销／社会科学文献出版社市场营销中心（010）59367081　59367089
读者服务／读者服务中心（010）59367028

印　　装／三河市尚艺印装有限公司
开　　本／787mm × 1092mm　1/16　　　　　　　　　印　　张／13.25
版　　次／2013 年 7 月第 1 版　　　　　　　　　　　字　　数／164 千字
印　　次／2013 年 7 月第 1 次印刷
书　　号／ISBN 978 - 7 - 5097 - 4692 - 9
定　　价／49.00 元

本书如有破损、缺页、装订错误，请与本社读者服务中心联系更换
▲ 版权所有　翻印必究